MANIFESTACIÓN PARA MUJERES

Atrae la abundancia, por qué la ley de la atracción no funciona y cómo manifestar con la energía femenina divina

ANGELA GRACE

TABLA DE CONTENIDO

¡BONUS! Obtén la fórmula secreta para la manifestación de manera GRATUITA (en inglés) — v

Descarga GRATIS la versión audio de este libro (en inglés) — vii

Introducción — ix

1. Introducción a la manifestación para mujeres — 1
2. Manifiesta la versión soñada de ti misma — 9
3. Despierta tu energía femenina divina y logra todo lo que te propongas — 18
4. Encuentra tu dharma y conviértete en un imán de abundancia — 25
5. Manifiesta amor — 33
6. Manifiesta a una persona específica — 41
7. Poderosas técnicas de manifestación — 51
8. Manifiesta tu deseo en treinta días — 59
9. 15 hábitos diarios de manifestación que transformarán tu realidad — 67
10. Meditaciones para impulsar tu manifestación — 75
11. Manifiesta los obstáculos y véncelos — 84
12. La fórmula secreta de 30 minutos del ritual diario de manifestación femenina — 92

Conclusión — 103

Referencias — 105

Por favor, deja una reseña en Amazon — 109

¿Quieres recibir tu próximo libro o audiolibro GRATIS? — 111

© Copyright 2021 - Todos los derechos reservados.

El contenido incluido en este libro no puede reproducirse, duplicarse o transmitirse sin el permiso directo por escrito del autor o del editor.

Bajo ninguna circunstancia se tendrá la culpa o responsabilidad legal contra el editor o el autor, por daños, reparaciones o pérdidas monetarias debido a la información contenida en este libro, ya sea directa o indirectamente.

Aviso Legal:

Este libro está protegido por derechos de autor. Es solo para uso personal. No se puede modificar, distribuir, vender, usar, citar o parafrasear ninguna parte o el contenido de este libro sin el consentimiento del autor o editor.

Aviso de Exención de Responsabilidad:

Tenga en cuenta que la información contenida en este documento es solo para fines educativos y de entretenimiento. Todo el esfuerzo se ha ejecutado para presentar información precisa, actualizada, confiable y completa. No se declaran ni implican garantías de ningún tipo. Los lectores reconocen que el autor no participa en la prestación de asesoramiento legal, financiero, médico o profesional. El contenido de este libro se ha derivado de varias fuentes. Consulte a un profesional con licencia antes de intentar cualquier técnica descrita en este libro.

Al leer este documento, el lector acepta que en ningún caso el autor es responsable de las pérdidas, directas o indirectas, que se incurran como resultado del uso de la información contenida en este documento, incluidos, entre otros, errores, omisiones o inexactitudes.

¡BONUS! OBTÉN LA FÓRMULA SECRETA PARA LA MANIFESTACIÓN DE MANERA GRATUITA (EN INGLÉS)

¿Estás cansada de conformarte con una vida mediocre y desperdiciar tiempo valioso? ¿Estás lista para vivir tus fantasías más salvajes?

- Hackea tu cerebro, mejora tu rendimiento y libera los bloqueos que te impiden alcanzar la grandeza.
- Despierta esta energía increíble para potenciar tus manifestaciones.
- Deja de perder el valioso tiempo que tienes en métodos poco efectivos.

1. **Un video de *EFT Tapping* de manifestación potenciada**. ¡Descárgalo para desterrar las

creencias que te limitan e impulsarte hacia la vida de tus sueños! (Infundido con frecuencia de 432 Hz).
2. **¡El diario de la fórmula secreta!** Un ritual diario de manifestación creado para ti, ¡solo tienes que repetirlo en casa! (Puedes imprimirlo, pegarlo en la pared e ir tachando los días que completas el ritual).
3. **Una poderosa meditación guiada de 10 minutos para "cambiar tu realidad".** Descarga el audio Mp3 (infundido con frecuencia de 528 Hz).
4. **¡BONUS!** Estimula la Ley de la Atracción con una meditación guiada de 10 minutos para "despertar la energía femenina". Descarga el audio Mp3.

Haz clic aquí para obtener tu BONUS: ¡la fórmula secreta para la manifestación totalmente GRATIS! (en inglés)
bit.ly/manifestingforwomen

DESCARGA GRATIS LA VERSIÓN AUDIO DE ESTE LIBRO (EN INGLÉS)

Puedes disfrutar de este libro también en formato de audio. Si te gusta escuchar audiolibros en tu vida cotidiana, tengo grandes noticias para ti. Puedes descargar la versión audio de este libro (en inglés) completamente **GRATIS** con solo registrarte en una prueba **GRATUITA** de 30 días con Audible. Más detalles a continuación:

Como cliente de Audible, recibirás los siguientes beneficios con tu prueba gratuita de 30 días:

- Copia gratuita de este libro en formato audio (en inglés).

- Después de la prueba gratuita, recibirás 1 crédito por mes para usar en cualquier audiolibro.
- Tus créditos se acumularán automáticamente al mes siguiente si no los usas.
- Elige entre más de 400.000 títulos.
- Escucha audiolibros donde quieras con la aplicación de Audible para múltiples dispositivos.
- Puedes cambiar fácilmente y sin problemas los audiolibros que no te gusten.
- Conserva tus audiolibros para siempre, incluso si cancelas tu suscripción.
- ¡Y mucho más!

Haz clic en los siguientes enlaces:
AUDIBLE US : bit.ly/angelicmagic
AUDIBLE UK : bit.ly/angelicmagicuk

INTRODUCCIÓN

¡Estoy inmensamente feliz de que hayan escogido este libro, queridas amigas! Déjenme darles la bienvenida a un mundo sublime lleno de maravillas y cosas increíbles que nos esperan. La manifestación es una herramienta maravillosa, con tal de que sepan cómo usarla. Teniendo esto en cuenta, espero que mi libro no solo les dé la inspiración para seguir adelante, sino que también les brinde toda la información que necesitan para perfeccionar su rendimiento al momento de realizar una manifestación. En los capítulos siguientes, hallarán guías paso a paso para realizar sus manifestaciones de manera tal para que la energía positiva fluya hacia ti.

Muchas mujeres son exactamente iguales a ti: están intentando descubrir cómo atraer a su vida todas las cosas que siempre han deseado. Aunque parezca fácil, has descubierto por las malas que en esta vida nada es lo que parece. Es muy probable que ya hayas intentado manifestar junto con otras actividades espirituales que te acercarían más a tu objetivo. Sin embargo, los resultados han sido mucho menos sorprendentes de lo que habías anticipado. ¿Por qué? Bueno, puedo decirte ahora mismo que, al leer este libro, podrás identificar

INTRODUCCIÓN

todos estos contratiempos menores. Y una vez que lo hagas, tendrás la seguridad de que tu experiencia de manifestación será mucho más emocionante y fructífera.

Entiendo tu incredulidad, porque yo también he dudado del poder del universo. No me daba cuenta de cómo mi energía estaba afectando mi realidad. ¿Acaso tú estás haciendo lo mismo? ¿Te ahogas en tus pensamientos negativos y esperas que ocurra un milagro? No te desanimes, porque los verdaderos cambios no ocurren de la noche a la mañana. Requieren de tiempo y esfuerzo. Tienes que ser paciente y dejar que el universo haga su magia. Si lo que buscas es abundancia, entonces abundancia es lo que recibirás. Deja ir y despréndete de ese pensamiento repetitivo. Esto evitará que te cargues de expectativas que no se cumplen. No existen las alarmas, ni la ventana de tiempo, ni las fechas límite.

A lo largo de este libro aprenderás mucho sobre cómo funciona la Ley de la Atracción. Contrario a lo que muchas personas creen, no es solo un truco o una moda que atrajo una atención pasajera hasta que vuelva a desaparecer. Por el contrario, es un cambio en tu forma de pensar que se basa en un sistema filosófico integral y está respaldado por la ciencia. Es fantástico, ¿no? Dos formas totalmente diferentes de ver cómo las cosas se fusionan y sientan las bases de esta gran técnica. Usa la Ley de la Atracción para darle forma a tu vida de la manera que siempre has deseado. Suena increíble, pero te prometo que es la verdad.

Comenzar sin rellenar los espacios en blanco y sin entender por completo el significado de la manifestación no te beneficiará; de hecho, incluso puede desviarte de tu propósito inicial. En cambio, sigue la estructura que he incluido en este libro. Lee los capítulos y toma notas. Organiza tu mente y prepárate para una experiencia extraordinaria. Cuando estés lista para permitir que la energía positiva fluya a través de tu cuerpo, comienza con tus manifestaciones. Cuando te veas a ti misma convertida en la persona que en verdad quieres ser, cuando veas que el mundo que te rodea te ofrece todo lo que habías soñado en el pasado, mirarás hacia atrás y darás las gracias por este momento.

A continuación encontrarás mi experiencia personal, además de un resumen detallado de lo que vas a encontrar en este libro. Espero que te ayude a impulsar tu motivación y te aliente a sacarle el jugo a la inspiración.

Mi experiencia personal con la manifestación

Antes de que comencemos esta maravillosa experiencia con la manifestación, déjame compartir contigo un poco de información sobre mí. Tengo experiencia con la sanación energética, el reiki y los cristales. Descubrí el poder de los cristales, la sanación energética y la espiritualidad después de que mi amiga Linda me los mostrara. Estoy tan agradecida por su conocimiento y la amabilidad que tuvo conmigo. Esto ha abierto un nuevo mundo para mí, un universo lleno de posibilidades que nunca supe que existían.

En mi opinión, nunca me hubiera imaginado comprometida con el mundo espiritual. De hecho, seguro hasta me hubiera burlado de quienes creen en poderes superiores. ¡Sí que estaba equivocada! He pasado por muchos altibajos en mi vida; supongo que muchas de ustedes pueden identificarse con eso. Sin importar lo mucho que lo intentaba, parecía no tener suerte. Después de tres años de trabajar duro y terminar agotada por la falta de sueño, me encontré a punto de quedar en la ruina. Estaba deprimida y no era capaz de disfrutar de nada en la vida. ¿Cuál era el punto de trabajar tan duro si no obtenía nada a cambio? Estaba completamente en shock, no sabía a dónde acudir por ayuda.

Linda me convenció de intentar con la manifestación. Me explicó brevemente qué era la Ley de la Atracción, pero al principio estaba algo escéptica. Sin embargo, mientras más me hablaba sobre ella, más sentido tenía. Quizás esto me impedía alcanzar mis sueños y objetivos. Mi energía no estaba alineada con el universo; fue como una revelación total. Abrí los ojos por completo y literalmente asimilé cada palabra que dijo sobre la sanación energética, el equilibrio interno, la meditación y todo lo demás.

Comencé a realizar mi propia investigación y de a poco llegué a un punto en el que podía comunicarme con mi yo espiritual. Con el tiempo descubrí mi energía femenina divina, y de repente todo mi mundo cambió. Mi vida se transformó: invité a la abundancia, al amor y la felicidad. Ya no tenía que preocuparme más por la negatividad que me cubría con su sombra. Me sentía mejor que nunca y le doy las gracias al universo por hacer que eso suceda.

Al día de hoy, estoy orgullosa de haber escrito unos libros realmente inspiradores que comparto con el resto del mundo. *Energy Made Easy, Protect Your Energy, Crystals Made Easy, Feminine Energy Awakening* y *Reiki Made Easy* son libros que han surgido de mi deseo de compartir mi experiencia. Disfruto mucho echar luz sobre estos aprendizajes, porque soy profundamente consciente del impacto que pueden tener en la vida de una persona. ¡Únete a mí en este recorrido y experimenta todo lo que el universo puede hacer por ti!

¿Estás lista?

En este libro, vamos a hablar de lo que es realmente la manifestación. Junto con un trasfondo filosófico, te ayudaré a entender los conocimientos básicos detrás de la ciencia de las frecuencias vibratorias. Solo mediante este conocimiento podrás comprender del todo el significado de alinear tu energía con la del universo. A continuación, te mostraré diferentes técnicas que se usan en todo el mundo para mejorar tu frecuencia vibratoria. Técnicas como EFT, TRE y la hipnosis contribuyen a tu objetivo de manera significativa.

Por supuesto, nada de todo esto tendría lugar sin la

INTRODUCCIÓN

energía femenina divina. Por lo tanto, he dedicado un capítulo completo a analizar esta fuerza pura y cómo despertarla desde tu interior. La Ley del Dharma es otro concepto increíble, y te encantarán las siete leyes espirituales del éxito que he incluido aquí. Después, me he enfocado en el amor y en cómo manifestar una relación amorosa en tu vida. Tienes la opción de fijar tu mente en tu expareja o invitar a una persona completamente nueva para una gran experiencia. En capítulos siguientes, explicaré de qué manera ciertas técnicas amplifican tu energía y maximizan los beneficios que obtienes del proceso. Los paneles de visión, la escritura, las afirmaciones positivas y las plantillas que puedes utilizar son todos elementos que te ayudarán a organizar tu rutina de manifestación.

Obviamente, tienes meditaciones guiadas disponibles en este libro, al igual que algunos trucos para disminuir el lapso de tiempo en el que puedes esperar que se haga realidad tu manifestación. También hice referencia a algunos de los obstáculos más comunes que puedes llegar a encontrar a lo largo de tu camino espiritual, junto con formas efectivas de superar esos obstáculos. Por último, he creado un poderoso ritual diario para mejorar tus manifestaciones. Estoy segura de que no ves la hora de comenzar a leer este libro. ¿Estás lista para adentrarte en una aventura irrepetible?

※ I ※

INTRODUCCIÓN A LA MANIFESTACIÓN PARA MUJERES

Supongo que en algún momento de tu vida has oído hablar de la Ley de la Atracción. Tal vez muchas de ustedes son escépticas respecto de si la Ley de la Atracción es algo real o no. Bueno, para ser sincera, es todo cuestión de física. La Ley de la Atracción se parece bastante a la ley de la gravedad. Cuando dejas caer algo al suelo desde un lugar más alto, indefectiblemente este cae. No cabe duda, porque la gravedad lo atrae hacia el suelo; a menos que estés en el espacio, por supuesto. Por lo tanto, siguiendo un patrón similar, tu cuerpo parece atraer exactamente lo que has estado pensando.

Déjame desarrollar un poco este proceso particular. Tu cuerpo está lleno de energía que vibra al ritmo que tu cuerpo le dicta. Puedes sentir su energía o ignorar su presencia. En cualquier caso, es omnipresente. Por lo tanto, esta vibración particular de tu cuerpo es lo que hace que ciertas cosas vengan hacia ti. Tu mayor desafío es identificar cómo atraer las cosas agradables de la vida. Muchas personas terminan atrayendo todo lo que han estado intentando evitar en primer lugar. Entonces, ¿todo esto es aleatorio?

Por suerte, tienes el control sobre lo que atraes. Simplemente tienes que descubrir cómo canalizar tus deseos. Todo sucede en tu mente. Divididas en dos categorías marcadas, la mente consciente y la mente subconsciente hacen su magia sin parar. Desde que naces, tu subconsciente se llena de los estímulos que recibes. Allí es donde todos los recuerdos se forman, junto con tus hábitos. De hecho, el entorno determina quién eres; le da forma a tu paradigma. Toda la información que recoges se acumula en tu mente subconsciente y crea la persona en la que finalmente te conviertes.

Por otro lado, tu mente consciente es la responsable de tus pensamientos, los cuales se ajustan a lo que recibes de tu entorno. Por ejemplo, ves algo que te pone triste y luego piensas cómo arreglar las cosas. Lo más fascinante de todo es que es muy probable que tus pensamientos estén en armonía con tu subconsciente. Estas dos partes distintivas de tu mente son, en esencia, dos vehículos que se comunican entre sí. Tu mente consciente piensa de una cierta manera y eso desencadena a la mente subconsciente. Después, tu mente subconsciente dicta la energía vibratoria en tu cuerpo. ¿Me explico?

Muchas personas malinterpretan la ley de la atracción. Ellas creen que con solo cambiar la forma en la que piensan podrán beneficiarse de todas las cosas maravillosas en sus vidas: si solo las cosas fueran tan fáciles. Sin embargo, es necesario que ahondemos un poco sobre esto. Si en verdad estás decidida a cambiar el rumbo de tu vida, tienes que apuntar a tu mente subconsciente. Desde aquí controlas tus emociones. No importa lo mucho que intentes cambiar tu proceso de pensamiento, el resultado seguirá siendo el mismo. Está de más decir que debes dejar de lado todas las dudas y salir de tu zona de confort. Intenta comprender lo que ha contribuido a formar tu mente emocional de la manera en la que lo has hecho para poder modificarla. Ten cuidado, porque esto no va a ocurrir de la noche a la mañana. Para lograr algo así hace falta mucho esfuerzo y trabajo duro. Sin embargo, al final del día, no dudes de que valdrá la pena.

A continuación, te mostraré exactamente dónde radica el problema. Tal vez intentaste vivir de acuerdo con los principios de la Ley de la Atracción, pero te ha resultado difícil. Sin embargo, debes entender por completo lo básico antes de estar lista para embarcarte en este viaje maravilloso: un paso a la vez. ¿Existe alguna evidencia científica relevante que respalde el poder de pensar en positivo? En resumen, sí existe. Todo se reduce a la física cuántica.

Entiende la ciencia de las frecuencias

La física cuántica parece un concepto difícil de entender, ¿verdad? Incluso hasta parece un poco intimidante. Sin embargo, entender la ciencia revelará los grandes misterios del universo y te permitirá atraer las cosas que quieres en tu vida. De acuerdo con la escala de vibración en hertz, cada emoción refleja una frecuencia de vibración diferente. En las frecuencias más bajas, encontramos emociones como la vergüenza, el enojo, la culpa, el miedo y la apatía. A medida que subimos en la escala, encontramos emociones como la aceptación, el amor, la alegría, la paz y la iluminación (Smith, 2018).

Estos datos demuestran que la vibración de tu cuerpo cambia según lo que sientes. ¿Te lo imaginas? Si sientes culpa todo el tiempo, la vibración de tu cuerpo será baja. Por lo tanto, es irremediable atraer cosas negativas a tu vida. No puedes evitar permanecer en el mismo círculo vicioso. ¿O sí? Por fortuna, puedes cambiar la forma en que te sientes. Como resultado, poco a poco comenzarás a atraer las cosas adecuadas que debes sentir. ¿Por qué enviar una mala señal para recibir una respuesta idéntica que solo prolongará tu miseria?

Ahora que has entendido la forma en la que tu cuerpo envía y recibe señales, casi igual que una radio o una televisión, es momento de seguir avanzando. "¿Cómo puedo aplicar la física cuántica para atraer lo que en verdad quiero?". Esta es una pregunta que debe surgir en tu mente muy a menudo. Bueno, hay herramientas que puedes usar. Antes que nada, tienes que aumentar la frecuencia vibratoria que emites. Suena bastante simple, ¿no es así? A menos que entiendas cómo tienes que hacerlo, no será algo constante. Hay muchas técnicas que te permiten lograr ese incremento en las vibraciones de tu cuerpo. Entre las más comunes se encuentran la risa, la meditación y el ejercicio.

Lo que debes saber sobre las frecuencias es que todo en el universo tiene una frecuencia. Sin embargo, cada pequeña cosa en el mundo tiene una frecuencia especial que hace que esa cosa logre su máximo potencial. ¿Me explico? Esa es la frecuencia resonante, la cual define el punto en el que algo alcanza su nivel máximo de oscilación. Ahora entiendes que todo es vibración: en el momento en el que descubres la vibración específica que tienes que lograr para sacarle el máximo provecho a tu manifestación, tienes lo que se necesita para hacerlo. Ten esto en mente y jamás fallarás en lo que te propongas.

Otra técnica útil es reconocer cómo te sientes. En lugar de rechazar todas las emociones negativas, primero tienes que analizarlas. La conciencia es el primer paso para lograr una mejoría: no puedes tener una sin la otra. Descubre los motivos por los que te sientes triste, decepcionada o llena de culpa. Racionaliza estas emociones y luego déjalas ir. Apunta alto a la escala de vibración hertz; llénate de emociones que te hagan vibrar mucho más. Obviamente, no puedes obligarte a amar a alguien. Es algo que debe surgir desde adentro. Por lo tanto, lo que tienes que hacer es descubrir eso que hace que tu corazón se detenga. Lo que te hace feliz es la clave para atraer la felicidad. Puede sonar bastante obvio, pero la mayoría de las personas suelen seguir un camino diferente en su vida y terminan sintiéndose miserables. Descubre tu verdadera esencia y muéstrala con orgullo. Si existe algo que tu corazón anhela conseguir, no ignores ese deseo.

Es igual de importante que te rodees de personas que te hagan sentir bien. Su energía te levantará el ánimo en lugar de tirarte abajo todo el tiempo. Sé que todas las personas vienen con su propio bagaje especial. En ocasiones son sus familias, una relación tóxica o un amigo dependiente quienes las tiran abajo. Aún así, ¿realmente quieres sacrificar tu bienestar solo para evitar la confrontación? ¿Estás dispuesta a dejar en pausa tus propios sueños y esperanzas solo para seguir envenenándote con la presencia tóxica de quienes te rodean? ¡No lo creo! Acepta a las personas que emiten vibraciones elevadas para beneficiarte de su estilo de vida positivo. Los resultados te sorprenderán.

Por último, pero para nada menos importante, tienes que asegurarte de que tu mente esté preparada para el éxito. En otras palabras, debes eliminar la palabra "fracaso" de tu diccionario. El fracaso no es una opción. Tienes que creer en tus capacidades y estar cien por ciento segura de que te lo mereces. Es la única forma que tienes de reclamar lo que te pertenece, en lugar de comprometer todo el tiempo tus deseos, tus sentimientos y tus ambiciones. Es indispensable que tu mente lo entienda; tu felicidad no se negocia. Una vez que lo reconozcas en lo más profundo de tu ser, sentirás que tu vibración se eleva. Te lo digo, ¡es pura física!

Atrae lo que realmente quieres en la vida

Respaldada por la investigación científica, la Ley de la Atracción dicta que pensar en positivo es esencial para recibir abundancia y felicidad en tu vida. Ji Young Jung et al. han demostrado que pensar en positivo nos hace sentir más satisfechos con nuestra vida, lo cual es una premisa revolucionaria (Jung et al., 2007). De hecho, es bueno saber que tu propia mente puede afectar tu bienestar. Existe una fuerte correlación entre la forma en la que te sientes y el rumbo que ha tomado tu vida. Si pasas cada hora de tu día quejándote y sintiéndote miserable, tienes que tener la certeza de que tu situación jamás cambiará. Cambia tu forma de pensar para recibir la alegría en tu vida. ¡No soy solo yo la que lo dice, es la ciencia!

Si puedes soñarlo, puedes serlo. Aunque esto sí suena como un eslogan publicitario, la verdad es que la visualización está fuertemente arraigada a los resultados exitosos. ¿En dónde estaríamos sin los sueños, después de todo? Cuando quieres algo, debes hacer todo lo que esté dentro de tu alcance para lograrlo. Esto implica cambiar la forma en la que te sientes sobre ti misma para dejar que la física funcione a tu favor. Comienza a emitir frecuencias vibratorias altas para atraer los resultados que has estado esperando en tu vida. No confíes en la suerte o el azar. No esperes a que los astros se alineen y que el "destino" haga sus milagros. Sé la capitana de tu propia vida y guíala exactamente hacia donde quieres ir.

Volvamos a la evidencia científica que respalda la teoría

detrás de la ley de la atracción. Existen estructuras neurológicas que se denominan neuronas espejo. Estas estructuras fueron encontradas principalmente en simios, pero los científicos han analizado unas estructuras similares en el sistema neurológico humano. Según la investigación llevada a cabo por la Universidad de Parma, las neuronas espejo son responsables de que los seres imiten los patrones de comportamiento que observan a su alrededor. Esto quiere decir que el comportamiento tiende a ser imitado de acuerdo con la proximidad (Jaffe, 2011).

Si estás enojada, es muy probable que notes que las personas que te rodean imitan ese comportamiento particular. Esto ocurrirá incluso si no saben qué te ha hecho enojar en primer lugar. Ellas lo percibirán, absorberán esta energía negativa y la reflejarán sobre ellas mismas. Por supuesto, el comportamiento de otras personas también te afectará. Tal vez en tu entorno habrás percibido que la forma en que los demás se sienten influye sobre ti y que ocurre lo mismo con ellos. Las neuronas espejo contribuyen a ese efecto y explican por qué esto ocurre en gran medida. Básicamente, intercambiamos energía y nos alineamos con quienes están cerca de nosotros (Jaffe, 2011).

Por último, vale la pena considerar el hecho de que la intención y la acción surgen de la misma parte del cerebro. Como consecuencia, cada vez que estimulemos las partes del cerebro responsables por lo que tenemos pensado hacer, básicamente estimulamos esas partes del cerebro que desencadenan nuestras acciones (Gollwitzer y Sheeran, 2006). ¿Qué te parece eso? De esta forma, es importante fortalecer nuestra visualización de lo que queremos lograr. Tarde o temprano, nuestro cerebro interpretará esta visualización como algo que debe convertirse en realidad. Por supuesto, existen técnicas que pueden ayudarte a mejorar tus intenciones; en otras palabras, a canalizar tus deseos de una forma que te permita hacerlos realidad.

Como podrás ver, en la Ley de la Atracción nada es lo que parece. El comportamiento humano puede interpretarse de forma científica y nos ofrece una prueba sólida de que funciona. Vale la pena cambiar tu vida aprendiendo los mecanismos que te proveerán todo lo que has estado soñando todo este tiempo. En lugar de sentirte triste porque aún no has podido cumplir tus metas, espera con ansias el futuro que está frente a ti. Será un futuro brillante, lleno de alegría y abundancia. Es una aventura mágica que apenas está por comenzar. ¿Estás entusiasmada por subirte a ese tren y decirle adiós al dolor y a las inseguridades del pasado?

2

MANIFIESTA LA VERSIÓN SOÑADA DE TI MISMA

La Ley de la Atracción es absolutamente factible, siempre y cuando surja desde adentro. Debes reprogramar tu mente para que crea en la nueva "tú" antes de que seas capaz de manifestarlo al mundo. Como descubrirás por las malas, tu propio sistema de creencias ha puesto frente a ti el obstáculo más pesado. Es tu propia mentalidad la que te reprime y te rodea de energía negativa. ¿Así realmente es como quieres seguir? ¿Vas a sacrificar la versión soñada de ti misma solo porque estás acostumbrada a menos que eso?

Tenemos que aceptarlo: el mundo es un espejo. El espejo refleja solo lo que pones frente a él. Bueno, lo mismo ocurre con tu vida. Si te ahogas en miedos, dudas y pensamientos negativos, eso es lo que estás destinada a encontrar en tu vida. Las mismas cosas, una y otra vez. A menos que hagas algo al respecto, las cosas jamás van a cambiar. No puedes desperdiciar tu vida esperando a que alguien más se haga cargo y te salve de la tristeza. ¿Por qué harías eso? Tienes en tu mano la llave para liberar literalmente todo con lo que has soñado en tu vida.

Es importante que entiendas que tú creas las limitaciones en tu vida cotidiana y que eres la única responsable de eliminarlas. Si no, quedarás atrapada en un calvario de nunca acabar. Acéptate a ti misma y confía en que eres digna de amor, riqueza y prosperidad. Existe una idea errónea generalizada de que la manera correcta de comportarse es con modestia. Como consecuencia, muchas personas tienden a evitar elogiar a su yo interior. Subestiman el valor de sus logros y evitan hablar de sus fortalezas. Pero no caigas en esa trampa. Si subestimas tu valor, los demás harán lo mismo. Después de todo, eso es lo que atraerás.

Las creencias limitantes son el culpable número uno que te impide alcanzar la versión soñada de ti misma. Una vez que las identifiques, tienes que trabajar duro para poder eliminarlas. ¿Por qué perder el tiempo odiándote a ti misma, cuando puedes alcanzar la grandeza? ¿Por qué te conformarías siquiera con menos de la vida que te mereces? Es imprescindible que sepas cuáles son esas creencias para poder luchar contra ellas de una vez por todas. No debes dejar que nadie, ni siquiera tú misma, te impida andar tu propio camino en la vida.

Construir la confianza tiene una importancia primordial aquí. Deja que los demás vean quien eres de verdad, como la versión con la que has soñado todo este tiempo. Mantente enfocada y sé fiel a ti misma, nunca dejes pasar la mínima oportunidad de brillar. Sé que al principio esto parecerá lo opuesto a lo que te han enseñado a creer. Evitar alardear de uno mismo siempre ha sido la norma. Sin embargo, debes ser consciente de tu grandeza. Tienes que confiar por completo en tus habilidades para que los demás crean lo mismo. De esta manera, la Ley de la Atracción funcionará a tu favor.

En caso de que te estés preguntando cómo lograrlo, se necesita tiempo y dedicación. No hay más lugar para que dudes de ti misma. No puedes dejar más que los demás definan quién eres. Eres una persona fuerte e independiente; eres digna de amor, abundancia, éxito, riqueza y cualquier otra cosa que te hayas propuesto lograr en tu mente. Algunas otras técnicas increíbles que pueden serte útiles incluyen la escritura y las afirmaciones positivas. Intenta llevar un diario, en el que puedas escribir lo que piensas de ti misma. ¿Por qué estás orgullosa de quién eres y en lo que te quieres convertir? Luego, usa esas afirmaciones para cultivar ese sentimiento positivo dentro de ti. Nutre tu mente con la versión soñada de ti misma para proyectarla hacia el mundo y atraerla de inmediato.

Obviamente, existen distintas técnicas que pueden ayudarte a alcanzar tus objetivos de manifestación de una forma más eficiente. Puedes probar con la técnica de liberación emocional (en inglés, *EFT tapping*), ejercicios para liberar la tensión (en inglés, *TRE*) y la autohipnosis. Estas herramientas te permitirán elevar las frecuencias vibratorias de tu cuerpo y acercarte a tu meta de experimentar la Ley de la Atracción en todo su potencial.

La vibra maravillosa del *EFT Tapping*

¿Alguna vez has deseado poder hackear tu cerebro y mejorar tu rendimiento? ¿Alguna vez te has preguntado si existe una forma de optimizar el funcionamiento de tu mente, de modificar lo que crees que te ha estado impidiendo alcanzar la grandeza? Odio ser quien te trae las malas noticias, pero la verdad es que tu cerebro no viene con un manual de instrucciones. Si lo hiciera, podrías analizar cada una de las páginas y aprender a dominarlo con el tiempo. Sin embargo, existen distintas técnicas que hacen exactamente lo mismo. Una de ellas es la técnica de liberación emocional (en inglés, EFT: *Emotional Freedom Technique*), también llamada *tapping*. De acuerdo con la EFT, puedes cambiar tu frecuencia vibratoria a través de pequeños golpecitos que te das en partes específicas de tu cuerpo. De esta manera, puedes influir en tu energía y atraer frecuencias igual de elevadas a tu vida (Anthony, 2017).

La EFT se concentra en los puntos meridianos de tu cuerpo, por lo que muy a menudo se asemeja con la acupuntura. Mientras te das golpecitos en la parte externa de la palma de tu mano, en el tercer ojo sobre la frente, en las mejillas o en la parte superior de la cabeza, te animo a que repitas afirmaciones positivas sobre ti misma. Aunque tal vez te sientas algo incómoda al principio, sentirás de inmediato un impulso en tu espíritu. A medida que avances con esta técnica, notarás que tu claridad mental se dispara. Sentirás menos dolor físico y tu estado de ánimo desde luego mejorará.

A continuación, voy a guiarte a través de dos sesiones de *EFT tapping* paso a paso. Son muy sencillas, pero absolutamente brillantes. La primera apunta a dejar ir las creencias que te limitan, mientras que la segunda te permite atraer eso que tanto deseas atraer.

Libera las creencias limitantes

Puede ser difícil lidiar con las creencias duraderas que siguen tirándote abajo en lugar de llevarte hacia donde quieres ir. Es verdad que la mayoría de nosotros nos aferramos a esas creencias y solemos sabotear el rumbo de nuestra vida. Nos sentimos incapaces de cambiar y siempre volvemos a los mismos patrones: es un callejón sin salida que tenemos que evitar a toda costa. Para poder hacer esto, primero tenemos que identificar esas creencias que nos limitan. Luego, después de saber a qué nos estamos enfrentando, nos enfocaremos en revertir la situación.

Primero que nada, quiero que cierres los ojos. Piensa en una creencia negativa limitante. Puede ser cualquier cosa, como la convicción de que nunca serás lo suficientemente buena como para tener éxito o tu miedo a confrontar a los demás. Tal vez te ves a ti misma como una persona perezosa, alguien que no tuvo una buena educación o una persona que no merece ser amada. Elige esa cosa que te causa la mayor incomodidad. Ahora, respira profundo y repite lo siguiente: "Soy una persona perezosa, pero lo acepto. Me amo a pesar de ello". ¿Cómo te hace sentir eso?

Después de hacer eso, comienza a dar pequeños golpecitos en la parte externa de la palma de tu mano y repite la misma frase. Luego, avanza hasta la zona entre tus cejas. Comienza a repetir lo que crees que eres, pero esta vez concéntrate en tus acciones. Más específicamente, concéntrate en las acciones que contradicen tu acusación. Por ejemplo, si crees que eres una persona perezosa, piensa en todas las veces que has demostrado lo contrario. Todos esos entrenamientos duros, las veces que has completado un proyecto a tiempo o los eternos días de estudio. Sigue con los golpeteos, pero esta vez mueve tus dedos justo al lado de tus ojos. Luego continúa por debajo de los ojos y en tus pómulos.

La técnica del *tapping* es una forma maravillosa de relajarte. Golpetea tu mentón, luego justo por encima de tu labio superior. Sigue repitiendo que la opinión que tienes de ti misma es incorrecta. Ahora, comienza a dar golpecitos a ambos lados de tu pecho. Poco a poco experimentarás una sensación estimulante que te abrumará por completo. Usa las afirmaciones positivas para creer en lo más profundo de tu interior que no mereces ser definida como una persona perezosa. Golpetea la zona debajo de tus brazos y respira profundo de nuevo. Si intentas repetir tu creencia inicial, te sentirás mucho más liviana. Intenta hacer la misma rutina durante una semana y los resultados te sorprenderán.

Atrae lo que quieres

Siguiendo un patrón similar, tendrás que reforzar tu creencia de que lo que quieres en verdad te quiere a ti. Es una sensación muy poderosa y debes sentirte lo suficientemente confiada como para lograrlo. Primero, golpetea con cuatro dedos la parte externa de la palma de tu mano. Comienza a decir afirmaciones positivas, como la siguiente: "Elijo creer que lo que quiero me quiere. Me amo y me aprecio. Además, respeto quien soy. Me honro a mí misma". Avanza hacia el tercer ojo y repite lo mismo: "Me amo y sé que soy digna de aceptar lo que quiero. Lo que quiero ya está en camino y creo en mí misma".

Después del tercer ojo, avanza hasta debajo de los ojos. Luego, golpetea la zona del labio superior y tu mentón. Repite afirmaciones similares que te harán sentir mejor: "Sé que lo que quiero está disponible para mí. Estoy dispuesta a recibirlo". Después golpetea tu garganta y la zona debajo del brazo. Una vez que termines, comienza de nuevo. Vuelve a dar golpecitos en el tercer ojo y reconoce que tú misma te has impedido recibir lo que quieres: "Elijo creer que he resistido lo que quiero. Ahora estoy dispuesta a recibirlo. No me voy a reprimir más".

Cuando ya te sientas lo suficientemente bien, comienza a dar golpecitos en la parte superior de tu cabeza y repite lo siguiente: "Me siento bien con el hecho de que lo que quiero me quiere, y estoy lista para recibirlo en mi vida". Esta afirmación es la forma perfecta de terminar esta sesión. Disfruta la misma sesión las veces que lo necesites para poder abrirte a nuevas posibilidades.

Ejercicios para liberar la tensión y autohipnosis

La energía negativa nos mantiene en una frecuencia baja. Lo que sea que te mantiene en un estado de estrés te impide disfrutar de verdad los beneficios que derivan de la Ley de la Atracción. Para poder abrirte a los maravillosos efectos de las frecuencias elevadas, tienes que lidiar con los problemas subyacentes del pasado. Acéptalo: el pasado puede ser abrumador. Puede ser sobrecogedor, puede entrar sigilosamente sin que nos demos cuenta. Sin embargo, hay formas de ajustar cuentas, hacer las paces y aceptar nuestros traumas del pasado. Una técnica excelente que se usa para liberar la tensión causada por el estrés es la de TRE.

TRE, por sus siglas en inglés, se refiere a ejercicios para liberar la tensión y los traumas (*Tension and Trauma Release Exercises*). Es, de hecho, un método natural que puedes observar en el reino animal si prestas atención a las señales. Cuando ves que un perro se asusta por una amenaza inminente, es muy probable que veas que comienza a temblar. A través de este movimiento repetitivo, el perro libera su tensión. Por lo tanto, temblar puede ayudar a restablecer el equilibrio en la frecuencia dentro de tu cuerpo. Tu cuerpo estará más relajado y vibrará de una forma positiva (Emma Claire Donovan, 2019).

Puedes poner en práctica los TRE simplemente aplicando presión en ciertos músculos del cuerpo. Un buen ejemplo podría ser apoyarte contra una pared mientras estás de pie y tocar la pared con la espalda. Comienza despacio. Abre un poco las piernas. Haz como si fueras a sentarte; baja tu cuerpo despacio y dobla las rodillas. Una vez que sientas que los músculos de las piernas están trabajando, mantén la posición. Poco a poco, notarás que tus piernas comienzan a temblar. Empuja lo más que puedas sin causar malestar.

En su defecto, puedes recostarte boca arriba; haz lo que te parezca más cómodo. Dobla las rodillas para que tus pies toquen el suelo. Ahora, intenta elevar un poco el torso y las caderas. Tus piernas comenzarán a sentir el esfuerzo y en algún momento comenzarás a temblar. Si sientes que esta experiencia es demasiado para ti, entonces detente. Estira y sé consciente del proceso. Repite la misma sesión una y otra vez y disfruta la liberación terapéutica de la tensión. Estos temblores reconfortantes te permitirán deshacerte del exceso de energía. En muchos casos, esa es energía estancada que estuvo dentro de tu cuerpo todo este tiempo.

Una vez que estés totalmente relajada, puedes recurrir a la

autohipnosis para manifestar tus deseos. Esta es otra herramienta muy útil que te permitirá ampliar tus horizontes. La autohipnosis es algo que puedes hacer por tu cuenta desde la comodidad de tu hogar. Allí, acurrucada en tu refugio, eres libre para crecer, para abrirte a nuevas experiencias y para recibir los regalos que has estado destinada a recibir a lo largo de tu vida. Crea un ambiente relajante; escoge música suave de fondo, velas perfumadas y una habitación acogedora. Siéntate cómodamente en una silla o en un sofá. Vístete con ropa liviana y mira hacia arriba.

Por supuesto, ni siquiera hace falta decir que debes prestar atención a la temperatura, así como a cualquier otro detalle que pueda estorbarte. Por ejemplo, si sientes mucho calor, no puedes entrar en un estado de hipnosis. El calor te distraerá y no lograrás ese estado de inconsciencia para poder dejar ir tu mente consciente. Lo mismo ocurre si hay ruido constante a tu alrededor. Asegúrate de que puedes dedicarle tiempo a la hipnosis antes de avanzar con la sesión. Es mejor hacerlo cuando estés a solas en casa o al menos cuando puedas disponer de un espacio personal para ti libre de distracciones.

Concéntrate en tu respiración mientras te repites a ti misma que estás muy cansada; tienes que quedarte dormida. Al cabo de unos minutos, notarás que tus músculos comienzan a relajarse. Inhala y exhala lentamente, disfruta del silencio y de la armonía absoluta que te rodean. A medida que te familiarices con la autohipnosis, comenzarás a incorporar afirmaciones positivas en esta sección. Repetirás en tu mente las cosas que quieres lograr en la vida. ¿Qué quieres atraer? Visualiza esas cosas en colores vívidos. Agrega tantos detalles como quieras y concéntrate en la convicción de que estás camino a atraer todo eso y más con el paso del tiempo. Cuando estés lista para regresar, empieza a contar del uno al cinco. No te apresures; por el contrario, tómate tu tiempo y hazte consciente de todo lo que te rodea.

La primera vez que practiques la autohipnosis puede ser un poco incómoda. Tal vez te sientas algo mareada cuando regreses a un estado de consciencia. Sin embargo, te saldrá cada vez mejor. Después de un par de sesiones, te llevará mucho menos tiempo lograr un equilibrio entre la mente consciente y la subconsciente. Además, los beneficios que recibes de la hipnosis se intensificarán en tanto sigas con ese patrón. ¡Inténtalo e indaga en los misterios de lo que está en tu interior!

3

DESPIERTA TU ENERGÍA FEMENINA DIVINA Y LOGRA TODO LO QUE TE PROPONGAS

¿Acaso eres consciente de la energía femenina divina que tienes en tu interior? Has sido bendecida con una fuerza poderosa y tal vez ni siquiera lo sabes. En mi libro *Feminine Energy Awakening* (Despierta la energía femenina) me he centrado sobre todo en cómo cada uno de nosotros puede despertar esa energía preciosa. Es un proceso que cambiará tu vida y abrirá tu mente a un mundo completamente nuevo. En vez de sentirte atrapada e incapaz de liberar esta energía que está ardiendo en lo más profundo de tu ser, lo que tienes que hacer es encontrar una forma de canalizarla. Atrae esa energía y deja que te ilumine. Cuando lo hagas, verás cómo tu vida se transforma por completo y se asemeja exactamente a lo que siempre imaginaste que sería.

Eres un ser único y no debes estar avergonzada de tu naturaleza única. Por el contrario, tienes que aceptarla. Solo después de que hayas comprendido tu grandeza serás capaz de brillar. Es un proceso largo que implica buscar en lo más profundo de tu alma. No será nada fácil. Hay muchos obstáculos por delante, pero en mi libro encontrarás todas las guías prácticas útiles que necesitas. Estas guías allanarán el camino para que tú lo recorras y descubras tu propósito en la vida. Tienes que liberar toda la energía negativa y alinearte con tus propios sentimientos positivos. Al abrir tus chakras, serás capaz de llegar a tu yo espiritual. A través de esta experiencia de despertar tu energía femenina divina, sabrás que te mereces ser amada y valorada.

A pesar de lo que muchas personas afirman, esto no es una competencia entre géneros. No tiene sentido comparar las virtudes de los hombres o de las mujeres. No se trata de quién es mejor. De hecho, no existe una razón por la que deberíamos discutir sobre eso. Esto solo te distraerá de tu propósito más profundo, el cual es descubrir tu ser superior. ¿Cómo puedes hacerlo cuando las anclas pesadas de las emociones negativas nos tiran abajo? Los hombres y las mujeres no deben contrariarse entre sí; por el contrario, deben respetarse y trabajar en conjunto para alcanzar la grandeza.

Eres especial: cuanto antes te des cuenta de ello, mucho mejor será. Cuando te enfocas en los demás, te alejas de tu camino hacia la plenitud personal. ¿Por qué te harías eso a ti misma? Tu entidad es divina. Te impulsa el poder eterno de la energía femenina que te permite alcanzar tus objetivos. Tienes que nutrir y valorar esta energía. No dejes que los demás te arrebaten esa maravillosa oportunidad de llegar a lo más alto. Este es el momento de demostrar lo que vales y de mostrar al mundo lo que eres capaz de lograr.

La energía femenina divina es de una importancia excepcional para que puedas revelar al mundo tu personalidad única. Si estás decidida a encarnar tu grandeza eterna, tienes que enfocarte en cómo despertar esa energía. Por culpa de los estándares sociales, los vínculos personales, los traumas del pasado y las limitaciones que otros imponen sobre ti, tu energía divina se ha mantenido latente. Si en verdad quieres destacarte y llegar a tu yo superior, tienes que liberar este poder y cosechar los beneficios.

El rol de la energía femenina divina

Uno de los elementos clave en tu camino para adjudicarte todas estas cosas maravillosas en la vida es estar en contacto con tu energía femenina. A diferencia de lo que muchas personas creen, la feminidad no tiene que ver con el género. Tómate un momento para pensar en la antigua filosofía china. En ella existen los símbolos del Yin y el Yang, que representan los opuestos que coexisten en una entidad. Para poder lograr un equilibrio, los opuestos son igual de importantes: no puede concebirse la vida sin ellos (Cartwright, 2018).

En la sociedad actual se les ha prestado mucha atención a los rasgos masculinos. Hasta las mujeres han reprimido sus propios rasgos distintivos solo para poder encajar. La masculinidad, por supuesto, puede tener sus ventajas. La lógica es primordial, junto con la determinación, la fuerza de voluntad y la audacia. Sin embargo, un individuo necesita mucho más que eso. ¿Dónde están la riqueza emocional, la creatividad y el afecto? Aquí es donde aparecen los atributos femeninos para salvar el día. Como podrás ver, cada persona tiene que andar con cuidado entre su lado masculino y su lado femenino. Esta es la única forma de lograr ese preciso equilibrio en la vida.

Estoy segura de que ya tienes una idea clara en tu mente de cómo tu energía masculina y tu energía femenina tienen que trabajar juntas. ¿Cómo puede ser posible? Bueno, es una cuestión de prioridades. Cuando quieras establecer una meta, tienes que sacar a relucir tu energía masculina. Entonces, antes de continuar, esto es lo que debes hacer. Organiza todo, establece tus metas en un plan factible. Determina el periodo de tiempo en el que esperas cumplir tus objetivos. Apégate al plan y sigue adelante con él sin importar lo que suceda.

Después de hacer todo esto, habrás creado una base sólida. Tal vez lo más importante de todo es poder recibir las cosas buenas que has anticipado al momento de establecer tus metas. Este es el momento en el que tu energía femenina aparece una vez más para que puedas recibir. ¿Qué es lo que esperas recibir con tantas ansias? ¿Acaso es dinero, fama, crecimiento personal, amor o afecto? Abre tu mente y prepárate para aceptar estas cosas increíbles. Tal vez no vengan a ti de inmediato, pero llegarán. Con tal de que tu energía femenina esté a cargo, no tienes nada que temer.

¿Acaso suena contradictorio para ti? Échale un vistazo a tu trabajo, por ejemplo. Te han asignado un proyecto muy importante. Este es un proyecto urgente que depende única y exclusivamente de tu desempeño. Si tu energía masculina estuviera siempre a cargo, ¿qué harías? Te propondrías la meta de completar el proyecto y te exigirías al máximo todo el tiempo. ¿Crees que esto te permitiría completarlo a tiempo? Lo más probable es que te sentirás agotada y exhausta y te faltará tanto energía como creatividad. Tarde o temprano, tendrás ganas de un cambio.

Cuando te tomes un descanso, te tomes una buena siesta para recargar energías o salgas a caminar, te aliviarás de esa presión constante. Después de esa pequeña pausa, no hay dudas de que tu rendimiento mejorará. Aunque seguir con tu plan inicial puede haberte dado la reconfirmación de que estás dando lo mejor de ti, la verdad está lejos de eso. ¿Qué puedes aprender de este ejemplo? A veces es mejor confiar en tu instinto. No tiene sentido ir a los extremos solo porque crees que siempre podrás lidiar con los desafíos que se te presenten. Trabajar duro no siempre es la respuesta. En ocasiones, un enfoque femenino es mucho más efectivo en la vida.

Es primordial que construyas la confianza a tu alrededor. Sin confianza y sin seguridad no podrás lograr tus metas. ¿Cómo puedes alcanzar el amor a menos que confíes en que el amor vendrá hacia ti? Aunque tu intelecto dicte lo contrario, tienes que cultivar esa confianza y sentarte a esperar. Cuando lo hagas, te permitirás recibir el regalo del amor. Si te mantienes todo el tiempo en movimiento, como tu energía masculina te lo hubiera sugerido, ¿cómo podrías ser capaz de recibir amor?

Revela el poder que está dentro de ti

Ahora que conoces lo importante que es que descubras esa fuente oculta de energía en tu interior, es momento de que descubras cómo hacerlo. Estoy segura de que te sientes un poco abrumada por la posibilidad de despertar una energía tan poderosa para poder experimentar tu verdadero potencial. ¿Cómo puedes revelar esta fuerza mística y dejar que haga su magia? Por suerte, existen muchas cosas que puedes hacer. Todos estos pequeños cambios en tu vida se sumarán para hacerte más consciente y acercarte más a tu yo superior.

Tienes que tener un diario, ahora y siempre. Un diario servirá para llevar un registro de tu progreso y mostrarte cómo debes seguir adelante. No es necesario aclarar que es un proceso largo y te llevará tiempo comprender cómo tu cuerpo, tu mente y tu alma se alinean por completo. En tu diario puedes escribir todas las cosas que te han ayudado en tu vida y, al mismo tiempo, puedes mencionar todas las pequeñas cosas que crean un obstáculo en tus intentos. Puedes emplear la técnica de "prueba y error" para explorar lo que se adapta mejor a tus propias necesidades.

Luego es importante que sanes a tu niña interior. Deshazte de todos los conflictos, los complejos y los traumas del pasado: ellos impiden que contactes a tu energía divina. No cabe duda de que tienes que lidiar con lo que te ha sucedido en el pasado. Si no lo haces, no podrás anticipar todos los beneficios maravillosos que se revelarán frente a tus ojos. Para sanar las heridas, tienes que ocuparte de los problemas y resolverlos. Es un proceso arduo, por supuesto, y muchas veces desafiante. Sin embargo, tienes que hacerlo antes de reclamar lo que te pertenece por derecho. Si no, ¿de qué otra forma podrías seguir adelante con tu vida?

Las afirmaciones positivas te ayudarán a hacer las paces con tu propia energía femenina divina. Podrás usarlas como una forma de creer en tu divinidad. Incluso si al principio estas afirmaciones te hacen sentir incómoda, tienes que hacer un esfuerzo y aceptarte como eres. No hay lugar para la modestia. Eres una persona única, y tienes que creer en ello antes de alcanzar ese momento en tu vida en el que te cubrirás de energía femenina divina. Entonces, cuenta tus increíbles cualidades para fortalecer tu autoestima. Pronto verás todo lo que te mereces.

Además de reconocer lo que vales, también debes estar agradecida por lo que ya tienes. Agradece lo que tienes y da gracias por las personas que te rodean. Da gracias por tu salud y por todas las oportunidades que han llegado a tu vida hasta ahora. Debes darte cuenta de que la vida está colmada de regalos y que ya has recibido muchísimos. Tómate un momento para pensar en ello. Quizás has sido bendecida con una pareja amorosa o hijos felices. Tal vez tu carrera está en ascenso. Tus amigos, tus conocidos y tu círculo social también son personas por las que deberías estar agradecida, a menos que sientas que son tóxicas. En ese caso, está en ti decidir que no formen parte de tu vida.

Si en verdad quieres sentir una calma absoluta y comunicarte con tu energía interior, prueba con el reiki y la meditación. De esta manera, poco a poco revelarás tus defensas. Mirarás a través del cristal y verás tu reflejo sin distorsiones. Ponte en contacto con tus centros de energía y tus chakras para revelar tu poder. Para aumentar tu claridad mental tienes que remover las cosas que han nublado tu capacidad de juicio. Descubre la verdad y llega a lo más profundo de tu espiritualidad. Relájate y suelta las preocupaciones. Deja ir todo lo que te ha estado preocupando, lo que te ha impedido ver lo que está para ti ahí afuera.

Eres más que bienvenida a leer mi libro *Feminine Energy*

Awakening (Despierta la energía femenina) para descubrir una guía detallada sobre cómo despertar esta fuerza pura en tu interior. Estaré más que encantada de poder ayudarte a llegar hasta tu yo superior y aceptar tu naturaleza divina. Va a ser un viaje espectacular hacia la conciencia de uno mismo. El mundo es tuyo y existen tantas cosas que puedes hacer. ¿Por qué te conformarías con menos de lo que te mereces en esta vida?

4

ENCUENTRA TU DHARMA Y CONVIÉRTETE EN UN IMÁN DE ABUNDANCIA

¿Estás ansiosa por sentir éxtasis y regocijo en tu vida? Entonces tienes que encontrar tu dharma. No existe otra forma de alcanzar la prosperidad genuina y sentirte bendecida cada día de tu vida. Después de todo, primero somos seres espirituales. Nuestra forma humana es solo un descanso de nuestra espiritualidad eterna. Primero comencemos con un reconocimiento. Todas las personas tienen un propósito especial en su vida: este es el regalo exclusivo que todos hemos recibido y que estamos destinados a compartir con el resto del mundo.

Cada uno de nosotros ha llegado a este mundo para descubrir su verdadera esencia. Tenemos que expresar nuestros talentos; si no, los vamos a desperdiciar. Sin embargo, es necesario que entendamos lo que significa tener un talento especial. Piensa en tu vida. ¿En qué eres buena? De hecho, ¿en qué puedes decir que te destacas sin pensarlo dos veces? Tal vez cantas bien, bailas bien, sabes construir casas o cocinas rico. Algunas personas son buenas en las actividades creativas, mientras que otras son más prácticas. No importa en lo que sea que te destaques, sin dudas tienes que seguir haciéndolo.

Algunas personas pueden decir que tu talento es tu forma de hacer dinero, que esa es la forma de ganar fama y riqueza en un mundo materialista. Sin embargo, no podría estar más alejado de la verdad. Tienes que concentrarte en ayudar a los demás. Servir a la humanidad es de una importancia primordial. Más adelante, esto te ayudará a alinearte perfectamente con la Ley del Dharma. En lugar de competir con los demás e intentar parecer ser la mejor en lo que haces, acepta tu verdadera vocación. Dedica tu vida a hacer algo que beneficiará a la comunidad en conjunto. ¿Eres una maestra excepcional? Entonces enseña y deja que los demás aprendan de tus enseñanzas.

"¿Cómo puedo ayudar al mundo? ¿Qué puedo ofrecerle al mundo? ¿De qué manera mis dones únicos harán de este mundo un lugar mejor, más alegre o más eficiente?". Estos no son solo deseos. En lugar de una discusión teórica, esto debe convertirse en el núcleo de tu comportamiento. En lugar de intentar dominar a los demás, tienes que ponerlos en el foco de atención. Tu talento y tus bendiciones están aquí para ayudar. Los has recibido para mejorar al mundo. No ignores este propósito, tu propósito. Realiza tu destino trayendo alegría y felicidad a toda la humanidad.

Una vez que te deshagas de esa lucha constante por imponerte, te sentirás mucho más liviana que nunca. Tan pronto como dejes de monetizar todo, te darás cuenta de que te has estado tirando abajo todo este tiempo. La vida no es una competencia. El mundo no está lleno de enemigos, de personas a las que tienes que superar para avanzar casilleros. No tiene sentido hacer sentir mal a los demás solo para ponerte a ti misma en un pedestal. Jamás alcanzarás la grandeza a menos que demuestres que eres altruista y que pones el bien común antes que cualquier otra cosa.

En la sociedad moderna, servir a los demás puede sonar contradictorio a lo que nos han enseñado desde que éramos pequeños. La competitividad siempre ha sido vista como una verdadera virtud y quienes sobresalen en un cierto ámbito son vistos como líderes. Son quienes cosechan los frutos de su ardua labor, siempre en comparación con el resto del mundo. Aún si lo hiciéramos, no podríamos experimentar el verdadero significado de la solidaridad. No podríamos entender lo bien que se siente ayudar a los demás sin estar pensando en la posibilidad de sacar algún provecho del proceso.

Tan pronto como te quites las cargas que te han agobiado todo este tiempo, cambiarás tu actitud de inmediato. Comenzarás a ver las cosas desde una nueva perspectiva y tu mundo cambiará por completo. No serás más esclava de tus propios deseos y beneficios personales; serás libre para disfrutar la vida tal como es en realidad. Aquí es donde la magia comienza. La gloria del mundo se abre frente a tus ojos y comenzarás a atraer la abundancia sin ningún esfuerzo. Suena increíble, ¿verdad? No desperdicies más tiempo. Encuentra tu dharma y deja que la vida revele el propósito especial que tiene para ti.

Haz algo para manifestar la abundancia

Algunas personas piensan que las cosas buenas llegan a quienes han sido bendecidos. Hay personas que son lo suficientemente afortunadas de recibir muchas bendiciones en su vida y realmente no tiene sentido intentar reclamar lo mismo para la tuya. Si algo llega a tu vida, bien por ti. Si no, tal vez no tenía que suceder. Bueno, a pesar de que sí dije que la grandeza llega sin ningún esfuerzo, esto no quiere decir que tienes que quedarte sentada sin hacer nada. Por el contrario, debes asegurarte de que vas por buen camino. La mejor forma de hacerlo es encontrar tu dharma. Comprende cuál es tu propósito en la vida y enfócate en cómo provocar alegría en la vida de alguien más. ¡Es así de fácil!

Entonces, ¿qué es lo que tienes que hacer para llegar de verdad hasta tus pensamientos más profundos? ¿Qué es lo que te impulsa hacia tu yo superior? Es indispensable que todo eso quede claro antes de reevaluar las prioridades en tu vida. A muchas personas les es útil escribir un diario. A través de la escritura, puedes identificar tus debilidades y revertir una situación negativa. Cuando escribes algo, inmediatamente lo conviertes en algo más tangible. De esta manera, no hay forma de pasarlo por alto. Lo que has escrito ahora es parte de tu realidad. El proceso de escritura te permite identificar los errores en el camino para evitar volver a cometerlos. Es una forma muy buena de comenzar, pero no es suficiente.

La meditación es otro método muy utilizado para que las personas puedan alcanzar su presencia espiritual. Te entregas a las sesiones diarias de meditación cuando te conectas con tu yo interno. De esta forma, calmas tus sentidos y te conectas con la nada. Esto es muy importante porque te permite conectar profundamente con la fuente de tu energía. No importa lo provechosa que sea la meditación, esta no hace maravillas. Si te quieres relajar, la meditación es una gran herramienta para liberar tensiones e introducirte en una calma absoluta. Sin embargo, hace falta mucho más que eso para atraer abundancia a tu vida. Como ya dije antes, tienes que pasar a la acción. Tienes que hacer algo que te permita cambiar tu vida.

Descubrir cuál es tu talento singular en la vida no es suficiente. Una vez que descubras cuál es, no debes ignorarlo. ¿Por qué querrías ignorar tu talento, tu inclinación natural en la vida? Has recibido este regalo para que hagas algo con él. Si vas a desperdiciarlo, bien podrías dejar de intentar que tu vida mejore. Por el contrario, tienes que canalizar tu talento de forma tal que brinde algo al resto del mundo. Si eres una gran costurera, ¿por qué no lo aprovechas para crear prendas increíbles para quienes las necesitan? Si eres una gran escritora, ¿por qué no dedicas algo de tiempo a enseñar escritura creativa? Tienes un sinfín de opciones que están esperando a que las aproveches.

Cuando descubres tu talento y dejas que se marchite, no solo te haces daño a ti misma. Sería un comportamiento autodestructivo, pero solo te involucraría a ti. Serías la única culpable de que no alcances tus ambiciones, tus esperanzas y tus sueños. Sin embargo, la verdad también apunta a otro aspecto. Estás privando al mundo de la oportunidad de beneficiarse de este talento. No les demuestras a los demás de qué estás hecha y solo te conformas con menos. Esto resulta en muchas menos oportunidades para destacarte. ¿Cómo puedes pretender elevar tu espíritu y regocijarte? Un talento está destinado a ser compartido para un propósito mayor y te permite alcanzar la divinidad.

Un talento no es solo un don que se le concede a una persona determinada, sino a toda la humanidad en conjunto. El mundo alcanzará un equilibrio si todos usan sus talentos para el bien. Por lo tanto, es tu deber compartir tu talento con el mundo. No está en ti la decisión, porque no eres responsable de adquirir el talento en primer lugar. Tan pronto como lo entiendas, será más evidente lo que siempre has estado destinada a hacer todo este tiempo. Ya no tendrás dudas sobre si debes perseguir tus sueños o seguir el camino que indique tu intuición. Solo recuerda, practicar tu talento debe hacerte sentir feliz, satisfecha y plena.

Sé que debes estar algo confundida por lo que tienes que hacer. Tal vez no sabes cómo actuar para recorrer el camino hacia el éxito. Incluso si tienes el talento, ¿cómo puedes canalizarlo de manera significativa? ¿Qué pasa si no estás segura de tu talento en primer lugar? Deepak Chopra ha analizado las siete leyes espirituales que nos llevan a una vida exitosa. Estos son los medios que te acercarán a tu ser divino. A continuación, podrás leer todo sobre estas leyes, las cuales sirven de guías que puedes seguir. Asegúrate de que tu vida esté organizada de una forma tal que te permita respetar y amar a los demás.

Un vistazo a las siete leyes espirituales del éxito

En su libro *Las siete leyes espirituales del éxito*, el doctor Deepak Chopra revela cómo alcanzar tu divinidad al encontrar tu naturaleza espiritual eterna. Contrario a lo que tal vez piensas, no existe una razón para que te esfuerces sin parar y te exijas hasta el límite. Si observas la naturaleza, ¿qué es lo que ves? Un árbol crece a partir de una semilla, sin poner nada de esfuerzo en el proceso. Es algo natural, algo que simplemente sucede. De manera similar, deja que tu espíritu sea libre y disfruta ver cómo te conviertes en ese ser divino que siempre estuviste destinada a ser.

Existen siete leyes espirituales que te guiarán en tu camino para alcanzar el éxito. La primera es la *ley de la potencialidad pura*. Es un momento en el que debes disfrutar del silencio; lo ideal sería meditar una o dos veces por día. Durante este tiempo, quédate quieta y acepta todo sin juzgar. El mundo está lleno de potencial en su forma más pura. Continuamos. La segunda ley es la *ley de dar y recibir*. Este es un método excepcional para hacer felices a los demás. Puedes darles un regalo: no tiene que ser algo muy caro. Solo debe ser un pequeño gesto para demostrar cuánto piensas en los demás. Incluso un cumplido es suficiente. Cuando otros te dan un regalo o un cumplido, acéptalos con una gran sonrisa en el rostro. Dar y recibir son dos lados diferentes de la misma moneda.

La próxima es la *ley del karma*. Cada acción en tu vida genera la misma cantidad de energía. Esta energía está dirigida a ti; si le haces daño a alguien o le causas dolor, esto volverá hacia ti de inmediato. Por lo tanto, debes asegurarte de que solo traigas felicidad al mundo. Como resultado, te llenarás de amor y felicidad. El karma es una palabra que se usa muy a menudo en la sociedad moderna, pero que rara vez se emplea de forma correcta. No es una cuestión de venganza. No importa lo que pienses que representa el karma, es solo un reflejo de la Ley de la Atracción.

La cuarta es la *ley del menor esfuerzo*. De acuerdo con este principio, tienes que aceptar a los demás tal y como son. No trates de cambiarlos. De la misma manera, acéptate a ti misma y sé responsable de tus acciones. Si te quedas sin energía todo el tiempo solo para ver que los demás se aferran a sus patrones de comportamiento pase lo que pase, eso te hace daño a ti y no a ellos. En cuanto lo entiendas, verás que no te corresponde modificar las actitudes de otras personas. En cambio, en lo que tienes que enfocarte es en aceptarlas. Tienes que aceptarte a ti misma antes de aceptar a cualquier otra persona en tu vida.

La *ley de la intención y el deseo* es otra manera maravillosa de alcanzar el éxito. Tienes que reconocer que cada deseo viene con su resultado. Es un procedimiento inherente. En el caso de que un deseo no se cumpla, tienes que entender que hay un motivo detrás de ello. De lo contrario, sin duda lograrás lo que deseas en la vida. El universo dará lo mejor de sí para alinearse y así puedas obtener lo que quieres. Sin embargo, hay cosas que no debes recibir en esta vida. Una vez que el universo se percate de ello, retendrá ese deseo.

A continuación, la sexta ley es la *ley del desapego*. Es importante que dejemos ser a los demás, sin forzarlos a cumplir con lo que tú deseas. Todas las personas deben ser libres de ser quienes quieran ser, sin restricciones impuestas por los demás. Incluso si quieres que alguien esté en tu vida, no puedes obligarlo. Siempre recuerda que la vida sucederá de la forma en la que está destinada a ser desde el principio. El desapego es importante a la hora de manifestar. Por lo tanto, ten en mente que no puedes pasar cada momento de tu vida aferrada a tus manifestaciones. No puedes desperdiciar el tiempo pensando siempre en lo que deseas. En cambio, debes dejarlo ir y ser testigo de la magia mientras sucede.

Por último, pero definitivamente no menos importante, es la *ley del dharma*. Como ya he mencionado, esto significa descubrir tu yo superior. Este es el destino final, el que te lleva exactamente a donde estás destinada a estar. De acuerdo con el talento singular que tengas en tu vida, se espera que lo uses para servir a los demás. Es tu propósito más profundo, el que te permite llegar a la cima. No le des la espalda a la solidaridad y al amor incondicional hacia la humanidad. Tu grandeza espiritual se desarrolla cuando realizas tu propósito. Está en tus manos descubrir las formas en las que puedes usar tu talento único para el bien. Recuerda que esto no solo beneficiará a la comunidad, sino que también regresará a ti como un manojo de energía positiva (Chopra, 1994).

5

MANIFIESTA AMOR

"Todo lo que necesitas es amor"; al menos así decían los Beatles en su magnífica canción (Wikipedia Contributors, 2019). Todas las personas quieren amar y sentirse amadas en este mundo. Es una sensación tan increíble que te hace sentir cálida por dentro. Junto con el amor llegan la intimidad, el respeto y la compañía. Dos personas comparten sus sueños y sus esperanzas. Comparten sus miedos y encuentran refugio en la otra persona. Es una de las experiencias más profundas de la vida. Muchas personas aseguran que les faltaba algo importante en sus vidas hasta que hallaron a su pareja. Incluso se refieren a su pareja como su "otra mitad" o su "media naranja".

Cada persona es libre de amar a quien de verdad la haga feliz. No existen los tabúes en el amor, ni intenciones ocultas, ni juicios de valor que se interpongan. Un sentimiento así de noble no debe mancharse con prejuicios o pensamientos negativos. Se supone que el amor debe llevarte hasta la luna, que debe elevar tu cuerpo y tu espíritu. Tus pies ya no están en el suelo; caminas por las nubes. ¿Quién puede interponerse y juzgar con quién decides compartir este sentimiento espléndido? Es una forma de arte pura, y en el arte no existen los límites.

El amor es una poderosa fuerza impulsora que nos motiva a alcanzar nuestra grandeza. Solemos ser mejores personas una vez que hemos encontrado a alguien que nos ama. Dejamos de lado nuestro egoísmo y hacemos cosas para beneficiar a otro ser humano. En otras palabras, servimos a la humanidad. ¿Acaso el dharma no se trata de eso? Como resultado, encontramos un nuevo propósito en la vida que nos hace mejores personas. A pesar de que hemos vivido en soledad todo este tiempo, ahora hemos descubierto una nueva forma de ver las cosas.

Sin embargo, el amor no es algo tan fácil de experimentar. Hay muchas personas que nunca han encontrado a alguien que los haga sentir así. Al mismo tiempo, hay quienes nunca han sido amados... o al menos no de la forma en la que esperaban ser amados. Esquivar al amor a lo largo de tu vida parece algo muy triste. Pero ¿por qué ocurre? ¿Por qué no todo el mundo encuentra a su otra mitad? ¿Es realmente tan difícil encontrar al amor de tu vida?

Desde que somos pequeñas, nos acostumbramos a esperar al Príncipe Azul: sabemos que él vendrá a rescatarnos. Sin embargo, ¿por qué querríamos que otra persona se haga cargo de nuestra vida en primer lugar? No tiene sentido sentirnos indefensas. El amor no tiene que ser *quid pro quo* (una cosa por la otra). Tienes que amar a alguien porque quieres, no porque tienes que hacerlo. Es importante que sepas que puedes sobrevivir sin amor. Eres la única que cambiará tu vida y le dará forma exactamente como siempre has querido. El amor te hará libre y te permitirá llegar a la cima. Esta no es una cuestión de supervivencia; por el contrario, es la búsqueda de la felicidad la que define nuestra necesidad de amar.

Después de dejar esto en claro, es necesario que apreciemos el significado de manifestar el amor. Si quieres atraer a la persona que vas a amar, tienes que saber cómo hacerlo. ¿Por qué desperdiciar el tiempo rodeada de personas a las que no encuentras atractivas? ¿Por qué pasar cientos de horas sintiendo pena por ti misma? En lugar de conformarte con una vida sin amor, tienes que tomar las riendas y clamar el nombre del amor. Tienes la llave para abrir la puerta y sentir eso que has anhelado durante toda tu vida. Nadie más es responsable de esto que tú.

Al manifestar el amor, tienes la oportunidad de atraer los sentimientos que quieres que los demás te demuestren. ¿Recuerdas todas esas noches eternas en las que imaginabas a la pareja de tus sueños? Ahora ha llegado el momento de reencarnar esos sueños. Llena de vida tus fantasías y acércate a lo que quieres saborear. La dulce agonía del amor, los recuerdos que se quedan grabados en tu mente, los saltos de adrenalina y los momentos mágicos que pasan juntos. Tu corazón se detiene y sientes que has encontrado a tu alma gemela. Suena increíble, ¿verdad?

Atrae a tu alma gemela

Conviértete en un imán de amor y atrae a la persona de tus sueños. Para hacerlo, tienes que proyectar amor. Si no, ¿de qué otra forma vas a recibirlo? Es cuestión de equilibrar las energías. Si no haces nada, evitas sentir emociones genuinas y tratas de levantar barreras todo el tiempo, eso es exactamente lo que obtendrás a cambio.

Una de las mejores formas de atraer el amor es a través de la técnica de *EFT tapping*. Ya te he enseñado en capítulos anteriores cómo cambiar las frecuencias vibratorias de tu cuerpo con esta poderosa técnica. En este caso, me centraré en el método de atraer a la persona que quieres e invitarla a entrar en tu vida. Para hacerlo, permítete disfrutar de una sesión simple pero muy efectiva. Lo que tienes que hacer es relajarte y dedicar unos momentos a dar golpecitos en determinados puntos específicos de tu cuerpo mientras repites afirmaciones románticas. Esto no solo elevará la energía que emites, también te permitirá calmar tus sentidos y concentrarte en lo que es importante.

Intenta deshacerte de cualquier distracción. Después de todo, cuando de sentimientos se trata, tienes que dedicar esos momentos a visualizar lo que quieres lograr. "¿Por qué quieres atraer amor?", "¿eres digna de ser adorada?", "¿qué te hace una gran persona de la cual alguien podría enamorarse?"; estas son algunas de las preguntas que tienes que responder a través de esta experiencia. Debes dejar todo esto en claro antes de poder seguir adelante y atraer a la persona de tus sueños.

Comienza despacio; convéncete de lo que ya deberías saber. "Me amo y me honro. Soy digna de ser amada y me merezco amar a alguien profundamente" debe ser tu frase para comenzar. Esto establece el tono de lo que viene a continuación, nada más y nada menos que tus afirmaciones de amor. Eres una persona independiente y poderosa que busca un afecto sincero. No estás dispuesta a conformarte con nada que no sea eso y es algo que no se negocia. Como has dejado la vara muy alta, lo más justo es que mantengas una concentración absoluta a lo largo de todo el proceso.

Si tienes alguna inseguridad, este es el momento adecuado para enfrentarlas. Cambia la forma en la que te sientes sobre tus supuestos "defectos" al señalar lo erróneos que son. Por ejemplo, ¿te has pasado toda la vida pensando que eres fea y que no mereces amor? Eso es lo que te ha tirado abajo y te ha impedido sentir la verdadera maravilla del afecto: debes cambiar esta creencia. Mírate a ti misma. ¿Qué es lo que te hace sonreír? Cuando sonríes, ¿has notado cómo tus ojos brillan? Es verdad: tú eres hermosa. Agrega eso a tu afirmación.

Comienza en la parte externa de las palmas de tus manos. Como siempre, debes seguir dando golpecitos en el rostro. La zona del tercer ojo, justo entre las cejas, debajo de los ojos, en los pómulos y debajo de la boca: son todos lugares excelentes para estimular la energía. Después, avanza un poco hacia abajo. Da golpecitos en la garganta, donde está ubicado otro centro importante de energía. Es decisivo para comunicar tus emociones y tus pensamientos. Luego debes golpetear por encima del pecho, hasta el corazón. Allí da golpecitos suaves y siente cómo tu cuerpo se alinea con los latidos de tu corazón. Ese es tu ritmo circadiano, así que disfruta de ese equilibrio perfecto que has logrado.

Termina tu sesión de *EFT tapping* con una respiración profunda. Estoy segura de que te sientes mejor y has aumentado tu confianza. Además, habrás mejorado tu enfoque sobre lo que tienes que perseguir en la vida. El amor no es algo distante, no es algo que está fuera de tu alcance. Sin embargo, tienes que acercar la mano y tocarlo. Incluso después de que hayas encontrado el amor, debes ser delicada y esforzarte siempre por fortalecer tu relación. No existe otro secreto para una relación sana que la honestidad brutal, el respeto incondicional y el trabajo arduo.

Compromiso en la relación

Estoy segura de que vas a lograr tu objetivo y que conseguirás a la pareja de tus sueños, en tanto que sigas las guías que he compartido contigo en este libro. Sin embargo, esto es solo el comienzo. Primero que nada, déjame felicitarte por haber manifestado a la persona correcta en tu vida. Ahora, debes acostumbrarte a la idea de que esa persona se quedará a tu lado mientras así lo desees. No existe una razón por la que no deberías aceptar eso de "hasta que la muerte nos separe", suponiendo que te gusta esa idea. Pero tenemos que aceptarlo: hay varios obstáculos a lo largo del camino que amenazan con destruir lo que ya has logrado.

Mantener una relación es tan difícil como atraer una para empezar. Debes asegurarte de que la relación siempre prospere mediante un proceso de evaluación constante. Cuando lo hagas, tienes que revisar el estado en el que se encuentra e informar cualquier falla negativa. De esta manera, podrás evaluar y reparar todo antes de tiempo. Sé que es más fácil decirlo que hacerlo, pero de todas formas tienes que estar atenta. Algunas personas tienden a dejar todo como está y se conforman con el hecho de que han encontrado a una persona especial en su vida. Simplemente dejan de intentarlo; es decir, se rinden y nunca hacen nada para intentar mejorar.

Si estás decidida a mantener una relación viable a largo plazo, debes recordar que tienes que regar la planta del amor. Esa es la única forma de asegurarte de que siga floreciendo y que nunca se marchite por la falta de cuidado. Sé que se espera que hagas mucho más de lo que estás acostumbrada, pero descubrirás que sin dudas vale la pena. Como ya has elegido a una persona determinada para que sea tu pareja, tienes que demostrar respeto y una profunda comprensión. No es solo cosechar los frutos de tu trabajo. Una relación es un organismo que vive y respira. Si no la alimentas, morirá tarde o temprano.

A pesar de que cada relación tiene sus altibajos, algo es seguro. Tienes que mantener vivo el fuego para poder conservar la pasión del principio. Recuerda qué es lo que te atrajo de esa persona y qué te hizo enamorarte de ella. ¿Por qué has llegado al extremo para conquistar su corazón? Es la misma persona que está parada frente a ti, pidiéndote que la ames por siempre. ¿Por qué has dejado de intentarlo? No existe nada peor que la indiferencia. Estoy convencida de que odiarías hundirte en una relación estancada. No contribuyas a ese deterioro; mejor dale un poco de aire fresco.

Deja que tu inspiración te guíe. Sorprende a tu media naranja, hazle saber que todavía te importa. No tiene que ser algo grande. Solo una flor o una notita en la mañana junto a la mesa de noche. Un mensaje de texto que le envías camino al trabajo en el que expresas tus verdaderas emociones. ¿Por qué no sales de tu zona de confort por un rato? Incluso si no sabes cocinar, pues inténtalo. Prepara una cena especial solo para ustedes dos. A tu pareja le encantará ese gesto. Incluso si el resultado no está a la altura, significará algo realmente maravilloso para tu relación. También celebra tus logros. Un aniversario es la norma, pero intenta encontrar otros eventos en su relación que se destaquen del resto. La primera vez que fueron de vacaciones a otro país o el día que se fueron a vivir juntos. Estas son pequeñas conquistas que debes atesorar toda tu vida.

Prepárate para perder algunas batallas. Incluso si así lo parece, les permitirá a ambos liberar algo de estrés y seguir adelante con las cosas buenas de su relación que les han permitido seguir durante todo este tiempo. El compromiso por defecto no es una mala estrategia, sobre todo si el premio es tu felicidad. No estoy diciendo que debes reprimir tus sentimientos o ceder ante exigencias imposibles. Por supuesto que no. Si eso ocurre, entonces no has atraído a la persona correcta a tu vida. Reevalúa tus prioridades, piensa qué es lo que en verdad quieres y proyéctalo al mundo.

Por último, pero no por eso menos importante, encuentra el equilibrio justo entre hacer cosas en pareja y darle algo de espacio a tu pareja para que respire. Parece complicado, pero lo lograrás. Solo piensa que es una oportunidad de ponerte al día con tus amigos, leer, comenzar un nuevo pasatiempo o simplemente relajarte. No tiene sentido pasar cada momento juntos con tu pareja; al final, ambos se sentirán sofocados. ¿Por qué vas a someter a tu relación a este calvario? En cambio, haz que cada momento que pasen juntos cuente. Hagan cosas que ambos esperen con ansias durante toda la semana. ¡Sus experiencias tienen que ser divertidas!

Ahora que hemos aclarado las dudas respecto de cómo manifestar amor, ¿qué opinas de atraer a una persona específica a tu vida? Estoy segura de que ya has fijado tu mente en alguien o estás bastante cerca de encontrar a la persona indicada. ¿Qué sucede después?

6

MANIFIESTA A UNA PERSONA ESPECÍFICA

Es asombroso reconocer que estás lista para amar y ser amada. Esto demuestra que has madurado en la vida y quieres compartir tus tesoros emocionales con alguien especial. Pero ¿quién es esa persona? Muchas veces nos abrimos a conocer nuevas personas, a invitarlas a ser parte de nuestras vidas y a evaluar la relación mientras se desarrolla. Sin embargo, hay ocasiones en las que ya tenemos decidida a la persona que nos gustaría que esté en nuestra vida. A pesar de que al principio esto puede sonar muy restrictivo, con el tiempo te darás cuenta de que no hay mal que por bien no venga. Sabemos cómo nos queremos sentir y también estamos convencidas de con quién queremos sentirnos así. Es increíble, ¿verdad?

Hay momentos en la vida en los que el universo parece estar totalmente alineado con nuestros deseos. En esos momentos nos sentimos como las personas más afortunadas del mundo. Enamorarse sin duda está en los puestos más altos de la lista. Y sobre todo si la persona que te gusta siente lo mismo que tú, ¡tocas el cielo con las manos! ¿Cómo no podrías hacerlo? Soy bien consciente de que el amor puede ser muy embriagador, que te abruma con esa cálida sensación que te hace saber que has encontrado a tu otra mitad. Aún así, no todo el mundo tiene la misma suerte. Por desgracia, en muchas ocasiones te encontrarás con personas que nunca han conocido a su pareja ideal o, por el contrario, hay personas que la han encontrado, pero que nunca han podido entablar una relación con ella.

Sé lo que estás a punto de decir. No puedes obligar a alguien a que sienta algo por ti... ¿o sí? Déjame decirlo de otra forma para reflejar lo que ocurre en la realidad. En lugar de preocuparte por obligar a otra persona a que sienta algo por ti, ¿por qué no admites que ella sería afortunada de tenerte en su vida? No eres una persona cualquiera, ¿verdad? En ese sentido, le estarías haciendo un favor. Le abres los ojos y la conduces a una vida llena de felicidad, luz y abundancia. Esta debe ser tu mentalidad antes de embarcarte en una búsqueda de amor espectacular.

Lo más importante que debes recordar es que la frecuencia vibratoria de tu cuerpo debe estar alineada con la frecuencia de la otra persona. Tienes que hacer esto con extremo cuidado. No permitas que ningún pensamiento negativo invada tu mente, porque ellos te conducirán a una frecuencia baja. A menos que te quieras conformar con una vida triste y decepcionante, evita esos pensamientos por completo. Tienes que abrirte a las emociones positivas e ir tomando impulso de a poco. ¿Qué mejor forma de lograrlo que a través de una maravillosa visualización? Déjame que te enseñe cómo invitar a ese alguien especial a entrar a tu vida. Por supuesto, puedes disfrutar esta sesión incluso si no tienes una persona específica en mente.

Visualiza a la persona que quieres en tu vida e imagina cada pequeño detalle. El color de su cabello, el brillo en sus ojos, las suaves líneas en su rostro, la forma de su cuerpo, la forma en la que se viste y la forma en que se peina. Todos estos toques especiales han hecho que la ames tanto en primer lugar. Por eso se merece que la menciones, y tienes que enfocarte en los atributos especiales de la persona que te gusta. Una vez que hayas creado su imagen en tu mente, estás lista para seguir con el próximo paso. Siente cómo esa persona se acerca a ti; cada vez que respiras está un paso más cerca.

Tan pronto como la pareja de tus sueños esté frente a tus ojos y sientas su cálido aliento en tus labios, puedes concentrarte en sus movimientos. Siente cómo sus manos tocan las tuyas, también tus brazos y tus hombros. Luego mueve sus manos hacia arriba, tocando tu cuello y por último tu rostro. Siente cómo sus dedos acarician tus mejillas y tocan tu cabello. Te sonríe y te susurra al oído. Estoy segura de que esto te da piel de gallina y ya estás experimentando esta sensación tan apasionante.

Ahora, recuerda que debes combinar esta visualización con otras afirmaciones positivas personales. De esta manera, aprovecharás el efecto de esta sesión sobre tu mentalidad y, con el tiempo, sobre la energía que emites. A continuación, he preparado algunas de mis afirmaciones favoritas para compartirlas contigo:

Me amo profundamente e incondicionalmente.

Soy digna de ser amada.

La pareja que he elegido y yo compartimos sentimientos profundos y verdaderos de amor y devoción.

Estoy feliz de tener a mi alma gemela en mi vida.

La pareja que he elegido está comprometida al cien por ciento con esta relación.

Nuestra relación es verdadera, significativa y honesta.

Ambos estamos felices de estar en esta relación que durará por siempre.

Mi alma gemela me respeta por completo y adora mi personalidad.

Estoy agradecida por todo el amor que recibo en este mundo.

Doy las gracias por todas las bendiciones que tengo en mi vida.

La pareja que he elegido está profundamente enamorada de mí y el sentimiento es mutuo.

Estoy segura de que nuestra relación va a durar para siempre.

No existe nada que me pueda alejar de mi alma gemela.

He sido bendecida con amor; he sido cubierta de amor.

La pareja que he elegido y yo hacemos una maravillosa pareja.

Mi alma gemela y yo estamos destinados a estar juntos.

Estoy muy feliz de tener una pareja tan amorosa y cariñosa en mi vida.

No tengo dudas de que yo y mi pareja estamos hechos el uno para el otro.

La pareja que he elegido siempre me dice lo hermosa e inteligente que soy.

Tengo una conexión espiritual, física y emocional profunda con mi pareja.

Cuando repites estas afirmaciones, fortaleces la confianza en ti misma. De esta manera, la proyectas al mundo y atraes lo que te mereces. La persona específica sobre la que has puesto tu mente no tendrá otra opción que caer rendida a tus pies. Esto ocurrirá tarde o temprano, no hace falta que te preocupes por ello. Solo acepta tu destino, prepárate para lo que está a punto de suceder, y espera que la magia se desarrolle frente a tus ojos.

Cómo recuperar a tu ex

Lidiar con un ex puede ser de verdad desgarrador, lo sé muy bien. Estoy segura de que hay heridas profundas que parece que no sanarán nunca, no importa si ya has seguido adelante con tu vida. Siempre habrá una persona que te ha marcado, y esa herida se ha convertido en una parte de quién eres. En caso de que tu ex sea una persona tóxica, voy a insistir en que termines la relación y busques a alguien más. Aunque sientas que estás enganchada con esta persona, tienes que saber que debes seguir la luz en tu vida; evita la oscuridad y toda la toxicidad que se esconde en las sombras. Te tirará abajo, agotará tu energía y te dejará exhausta, decepcionada e indefensa. ¿Acaso es esa la vida que has estado soñando a lo largo de este proceso de manifestación?

Asumamos que tu ex no es una persona tóxica. Tómate un momento y concéntrate en lo que los ha alejado el uno del otro. ¿Fue por una infidelidad? Si ese es el caso, entonces ¿qué evitaría que tu pareja haga lo mismo de nuevo en el futuro? Tal vez se distanciaron porque no tenían intereses en común. La distancia puede meterse en el medio y arruinar una relación. No muchas personas pueden con los cientos de kilómetros que los separan día tras día. Quizá la llama se apagó con el tiempo y solo quedaron los recuerdos de esos tiempos en los que no podían estar un segundo sin el otro.

No importa cuáles sean las circunstancias que llevaron a terminar con la relación, tienes que ahondar en lo más profundo de tu alma. Tienes que descubrir si en verdad quieres que tu ex regrese contigo. Sé honesta, ¿quieres que tu ex vuelva o es solo un capricho? No te interesa admitirlo, pero tal vez tu separación puede haber provocado ese deseo repulsivo de querer a tu expareja de nuevo en tu vida. Algunas veces las personas suelen olvidarse de las cosas malas. Se enfocan en los maravillosos recuerdos que comparten con su ex, muchas veces hasta lo idolatran. Entonces, respira profundo y pregúntate a ti misma si esto es lo que en verdad quieres lograr a través de la manifestación.

Incluso después de haber concluido que quieres volver a intentarlo con tu ex, aún tienes que aceptar un hecho inquietante. No importa lo que haya sucedido entre ustedes dos, tú eres la culpable. Por supuesto, esto no quiere decir que debes castigarte o asumir toda la responsabilidad, pero es importante que sepas dónde mirar y atar cabos. Cuando la relación se terminó, tal vez hiciste todo lo posible para entender por qué. Puede que hasta hayas confrontado a tu ex para descubrir la verdad. Aún así, tienes que reconocer cuál ha sido el motor que llevó a un caos total. ¿Qué hizo que tu relación se derrumbara justo frente a tus ojos? ¿Aún sigue siendo un misterio para ti?

Sé que ha pasado tiempo desde que ustedes eran una pareja. Sin embargo, sería bueno que evoques algunos recuerdos que tienes de los momentos anteriores a tu separación. Si observas con atención, comenzarás a notar un patrón. Habías empezado a cuestionar los sentimientos de tu pareja. De hecho, hasta habías empezado a pensar que no eras suficiente. Habías vivido con miedo a que te dejaran, prácticamente esperando a que tu pareja terminara contigo. Tal vez habías interpretado mal las señales o quizás había un ápice de evidencia que respaldaba tus temores. Sea como sea, tus pensamientos se habían acumulado durante tanto tiempo que generaron bajas frecuencias vibratorias en tu cuerpo.

Como consecuencia, básicamente atrajiste la separación. Te aseguraste de que tu pareja comenzara a ver estas señales, que las sintiera en su interior y que al final te dejara. ¿Te suena familiar? ¿Es esta la forma en la que te comportabas antes de terminar con tu ex? Estoy bastante segura de la respuesta, porque así funciona la física cuántica. Piensas en algo con tanta intensidad e ignoras todo lo demás. Con el tiempo, tus pensamientos se convierten en realidad. Los proyectas al mundo y terminas atrayendo eso mismo. Tienes que anhelar usar este mecanismo particular a tu favor para manifestar amor, riqueza y felicidad.

Cada experiencia puede convertirse en un aprendizaje para ti y te permitirá volverte más sabia a medida que pasa el tiempo. Nunca más tienes que proyectar estos pensamientos negativos al universo, porque de seguro ellos volverán a sabotear tu vida. No tienes que preocuparte por una potencial separación. Si eso ocurre, entonces eso era lo que tenía que suceder en tu camino hacia tu yo superior. Como dice la frase, "que será, será" (Que será, 2019). Nadie sabe lo que le depara el futuro, pero tienes que confiar en tu espíritu divino.

Asumiendo que todavía quieres volver con tu ex, tienes que comenzar a proyectarlo al mundo. Comienza a visualizar que ya tienes a tu ex de vuelta en tu vida. Cierra los ojos y piensa en la presencia de tu pareja a tu lado. Está parada justo frente a ti, casi tocándote. Tómate un momento para observar cada pequeño detalle de su apariencia física, al igual que su postura. ¿Muestra algún tipo de afecto hacia ti? Supongo que sí. Es prudente que mejoremos esta visualización con afirmaciones positivas. Siente sus brazos rodeando tu cuerpo y siente su aliento mientras te susurra cosas lindas al oído. Imagina que ya están juntos de nuevo, tal como te enseñé antes a apuntar a una persona en particular.

Repite el mismo ritual todas las veces que quieras y mantén siempre la misma actitud positiva. Tu ex volverá a ti tarde o temprano y podrán disfrutar de su relación juntos. No seas pesimista: cree en lo más profundo de tu alma que volvieron a estar juntos. Este es el primer y más importante paso que debes dar para que tu sueño se haga realidad. Solo recuerda que algunas cosas funcionan exactamente de la forma en la que tienen que ser, incluso si no queremos admitirlo. Dicho esto, ¡emprende el viaje hacia esta maravillosa aventura y persigue tus fantasías!

Evita este error común a toda costa

Has dominado el arte de manifestar a una persona en particular y estás lista para poner la teoría en práctica. ¿Ya estás emocionada? Sin embargo, debes tener cuidado, porque si caes por el truco más viejo del libro, sabotearás todo tu esfuerzo. ¿Alguna vez has sentido que nada sale de la forma en que lo esperabas, sin importar lo mucho que te esfuerces? Bueno, hay un motivo por el que esto sucede. Aunque hayas planificado cada detalle, parece que has ignorado la importancia de una pequeña cosa. Es una lástima que eso se interponga y te impida alcanzar tu "final feliz".

Seamos un poco más específicos respecto al peor de los casos que puede ocurrir cuando manifestamos amor. Piensas en cómo será tu pareja. Cuando lo haces, te concentras en su apariencia física y luego describes los atributos que quieres que tenga. Una persona amable y dulce, ocurrente, comprensiva, con un gran sentido del humor y con dinero: suena como la pareja ideal, ¿verdad? Después, manifiestas los sentimientos que esperas de esa persona. Esta persona específica tiene que estar completamente enamorada de ti y debe llenarte de cariño. ¿Qué mejor forma de estimular la confianza en ti misma que con un recordatorio constante de que eres única?

Estoy segura de que estás leyendo estos renglones con una enorme sonrisa en el rostro. No te culpo: ¡todo el mundo quiere eso para su vida! Es tan estimulante vivir el amor en su forma más pura; te hace sentir de maravilla. Sin embargo, ¿qué hay de lo contrario? ¿Alguna vez habías pensado en esto? Es increíble encontrar una persona que te ama de verdad. Una persona que hará lo imposible para estar contigo. Es lo que todos soñamos, una pareja que será completamente fiel a nosotros pase lo que pase. Es lo que la mayoría de nosotros ha deseado desde siempre, cuando nos vamos a dormir. Aún así, ¿qué hay de nuestros sentimientos hacia esa persona? ¿Acaso no importan también?

El gran error que estás a punto de cometer es no prestar atención a la forma en la que te sientes hacia la persona que estás manifestando. ¿Cómo te sentirás con respecto a esta persona especial? Si no manifiestas eso también, te expones a terminar con un romance frustrado. Esto quiere decir que disfrutarás del amor y del afecto de la persona que has atraído a tu vida, pero sus sentimientos no serán recíprocos. No estarás perdidamente enamorada de la persona de tus sueños y se arruinará el equilibrio emocional que tanto deseabas. Al final, te sentirás como la culpable de todo este desastre. Después de todo, la relación no prosperará si ambas partes no comparten el mismo entusiasmo. Tarde o temprano, se caerá a pedazos.

No me malinterpretes: amarte a ti misma es perfectamente entendible, y tienes que asegurarte de atraer a alguien que te ame de la forma en que mereces ser amada. Tienes que seguir buscando la felicidad y provocar los sentimientos que te mereces en la vida. Sin embargo, al mismo tiempo debes hacer lugar para manifestar cómo te quieres sentir con respecto a la pareja de tus sueños. No hace falta que aclaremos que debes apuntar a una relación equilibrada, es decir, que debes sentir casi lo mismo que tu alma gemela. De lo contrario, tus probabilidades de seguir juntos a largo plazo disminuyen de forma considerable.

En resumen, la mayor desventaja de la cual tienes que mantenerte alejada es no hacer hincapié en quién será tu pareja y cómo te sientes con respecto a esa persona en particular. Si estás decidida a vivir la experiencia de un amor intenso y recíproco, tienes que tener cuidado al momento de la manifestación. Ya sea que estés pensando en una persona específica que ya forma parte de tu vida o estés manifestando una persona completamente nueva, tienes que prestar atención a los sentimientos que tienes por ella. Incluye cómo te vas a sentir para evitar darte cuenta de que no te gusta tanto la persona a la que has invitado a entrar a tu vida, ¡porque déjame decirte que sería un completo desastre!

7

PODEROSAS TÉCNICAS DE MANIFESTACIÓN

Existen muchas cosas maravillosas que te están esperando en tu vida, te lo prometo. La cuestión es que cada persona tiene diferentes deseos, diferentes necesidades y diferentes anhelos. ¿Cómo puedes manifestar esas cosas en tu vida? Este libro apunta a darte todas las herramientas necesarias que te permitirán recibir todo lo que has soñado tener en tu vida. La manifestación es real y está ahí. Ahora está en tus manos acercarte y obtener exactamente lo que quieres.

En este capítulo me centraré en los diarios y en la escritura. Son dos caras de la misma moneda, destinadas a servir como tu amuleto de la suerte. Sé que algunas de ustedes son escépticas respecto a la razón por la que debemos dedicar tiempo y escribir lo que queremos lograr en la vida. Tal vez te preguntes: "¿pero la visualización no es suficiente?". Escribir es una actividad catártica que nos ayuda a purificar nuestro cuerpo desde adentro, tal como lo haría una dieta desintoxicante. A pesar de que tengas dudas, déjame asegurarte que lo vas a adorar.

Primero que nada, tienes que crear un ambiente agradable. Debes esperar con ansias tu tiempo de escritura. Esto no debe ser un concepto aburrido o tedioso. No debe ser algo que lo haces solo porque tienes que hacerlo. Si consideras que escribir un diario es una mera obligación, te saldrá el tiro por la culata. Nunca recibirás lo que estás escribiendo, lo cual sin duda hará que surjan más dudas. Este es un círculo vicioso que no beneficia a nadie. Te recomiendo que le des una oportunidad a la escritura y te aboques de lleno a ella con una actitud positiva.

Encuentra un diario que en verdad haga latir más rápido tu corazón. Tiene que ser algo en lo que disfrutes escribir. Si del precio del diario se trata, no tienes que exagerar. Solo elige algo que te resulte muy atractivo. Puedes agregar un poco de color o puedes darte algún lujo al momento de manifestar tus sueños. En su defecto, puedes escribir cartas en una hoja de papel. El cielo es el límite, literalmente, y puedes experimentar con papel perfumado, bolígrafos y lápices sofisticados. Siempre puedes recurrir a la escritura en soporte digital, por supuesto. Aún así, nada le gana a la sensación de escribir en papel. Ves cómo las letras se transforman en palabras; es algo que hiciste desde cero. La escritura es una actividad muy creativa.

No existe lo correcto o lo incorrecto respecto de dónde debes ponerte a escribir. Algunas personas se sientan en su escritorio, mientras que otras prefieren relajarse del todo, así que escogen la cama o un sillón cómodo. Solo haz lo que tú prefieras, porque tienes que sentirte a gusto con todo el proceso; de lo contrario, no mantendrás ese hábito durante mucho tiempo. Crea un ambiente acogedor; puedes poner un poco de música ambiental para relajarte. Enciende una vela perfumada con un delicado carácter aromático y bebe un poco de tu té de hierbas favorito. Haz que la creatividad fluya. Este es tu momento, así que disfrútalo.

Ahora que sabes cómo escribir, es igual de importante

aclarar lo que deberías escribir en tu diario. Algunas personas creen que deben escribir todo lo que siempre han soñado, tal como hacían cuando eran pequeñas con sus cartas a Papá Noel. Como consecuencia, terminan realizando una lista de cosas que quieren atraer en su vida y esperan que cada sueño se haga realidad así como así. Sin embargo, escribir no siempre funciona de ese modo. Eso solo funciona cuando eres pequeña, siempre y cuando tus padres se tomen el tiempo de leer tu lista. Luego podías esperar una gran sorpresa bajo el árbol de Navidad.

Comienza de a poco y sé consistente. No pruebes escribir cuando no tienes nada mejor que hacer. En cambio, debes asegurarte de que disfrutes esta actividad relajante todos los días. Esto te permitirá ser plenamente consciente de las cosas que quieres atraer en tu vida. Cuando adoptes este hábito creativo, pronto descubrirás que te sientes atraída por tus emociones. Un impulso interno guiará tus acciones y te permitirá llenar páginas enteras con tus pensamientos, predicciones, intenciones y afirmaciones positivas.

La escritura como influencia en la Ley de la Atracción

Lo más probable es que la escritura cambie tu vida, siempre y cuando dejes que lo haga. Para hacerlo, tienes que decodificar su propósito. Cuando escribes en un diario, escribes sobre las cosas que quieres atraer a tu vida. Después de todo, este es el verdadero meollo de la Ley de la Atracción. La vibración atrae a la vibración. Primero que nada, tienes que estar muy entusiasmada por las cosas que escribes. No solo hagas los movimientos sin agregar emoción a la mezcla. Si evitas los sentimientos al momento de escribir, mejor detente ahora mismo.

Además, míralo de este otro modo. ¿Cuándo te acostumbras a actuar en vez de pensar? Estoy segura de que los sentimientos están involucrados en tus acciones. Ellos crecen y te llenan de energía que quiere salir disparada de tu cuerpo. Esto ocurre cuando actúas y liberas esa energía. No solo escribas sin entusiasmo. Haz que cada palabra cuente. Si no estás de humor, haz otra cosa. Siempre puedes escribir cuando tengas ganas de hacerlo. De esta manera, tu vibración aumentará increíblemente y podrás atraer sin esfuerzo las cosas sobre las que escribes. Si te involucras de manera emocional, te garantizo que tu manifestación será mucho más intensa.

Dicho esto, existe una idea errónea generalizada de la cual debes mantenerte alejada a la hora de escribir. Tal vez te entusiasmas demasiado y deseas cosas que jamás ocurrirán. Por ejemplo, no puedes proyectar al universo tu deseo de ser más alta. Esto nunca podrá ocurrir, no importa lo mucho que lo intentes. En otras palabras, debes creer en lo que escribes y establecer objetivos realistas que puedan cumplirse. No me malinterpretes: siempre puedes soñar en grande, pero en la escritura debes incluir cosas que creas que pueden suceder. En una situación diferente, tu mente subconsciente decodifica tu deseo como falso y no hace nada para que se cumpla.

Cuando escribes en tu diario, recuerda hacerlo con precisión. Tienes que tener claridad mental e incluir detalles sobre lo que quieres lograr. Si solo mencionas tu meta, ¿cómo esperas que se cumpla dentro de un periodo de tiempo determinado? No dejes lugar a la especulación para evitar cualquier distorsión de tu deseo. No seas imprecisa; en cambio, agrega tantos detalles como puedas a tu descripción. Tal vez a algunas personas les da miedo dar demasiada información. Podría ser contraproducente porque limitaría sus opciones, ¿verdad? No sé si opinamos lo mismo, pero la Ley de la Atracción no funciona así.

Te lo digo de nuevo; no le huyas a los detalles. Por ejemplo, cuando manifiestes a una persona en particular, debes incluir su apariencia física. Junto con eso debes agregar los rasgos de personalidad que adoras de ella, al igual que los rasgos que quieres evitar. Por último, tienes que ser precisa con respecto al periodo de tiempo. ¿Cómo conociste a esta persona y en qué lugar? ¿Cómo se sienten ambos? Todos estos detalles te ayudarán a lograr tus metas exactamente de la forma que quieres. De lo contrario, será muy similar a apostar. Obviamente, es posible que no tengas la mente puesta en una cierta persona. No tienes que hacerlo, siempre y cuando describas las características específicas que has estado buscando en esa persona.

Muchas personas suelen ser indecisas durante sus experiencias de escritura. Comienzan a manifestar una idea y luego de unos días pasan a la siguiente. Es una montaña rusa de emociones, porque cambian una manifestación por otra sin parar. Esto puede resultar en puro caos y confusión. Estás buscando un equilibrio, no situaciones caóticas. Cuando no sigues tu descripción hasta el final, no podrás hacer que suceda. Si tienes miedo de tomar una decisión, no deberías escribir sobre nada en la vida. De hecho, ni siquiera deberías meterte con la Ley de la Atracción. ¿Pero acaso no es ese el objetivo principal de este libro? Toma una decisión y muéstrala con orgullo. Encomiéndate a tu decisión y disfrútala mientras se vuelve realidad.

Te voy a dar un consejo antes de que sigas adelante con los detalles que incluirás en tu escritura: no caigas en la trampa de "escribir deseos". Como mencioné anteriormente, actúa como si ya fueras testigo de los frutos de tus logros en la vida. No escribas como si desearas que algo se hiciera realidad. Esto confundirá al universo y sin dudas creará una vibración diferente para ti. Ya es realidad, y puedes disfrutar sus maravillas al máximo. Proyectas cómo te sientes después de haberlo logrado y de que forme parte de tu vida. Como resultado, atraes las mismas emociones. ¡Así de fácil!

Una plantilla para que escribir sea pan comido
En realidad, no existe una estrategia que funcione igual

para todo el mundo al momento de escribir. Básicamente, comienzas a escribir en tu diario y ves cómo sucede la magia. Es más, antes de que te des cuenta, verás tus pensamientos transformados en palabras. Literalmente brotarán de tu mente y llenarán las hojas en blanco con tus deseos más maravillosos para el futuro. Es increíble poder canalizar tus sueños y fantasías en algo creativo. Después de un tiempo, puedes volver a esos diarios y leer todo sobre lo que has escrito. Es una forma de llevar un registro de tu progreso y evaluar cuánto has logrado manifestar en tu vida. Solo necesitas lápiz y papel para sentar las bases para lograr tus objetivos. Disfruta de la escritura libre y deja que tus pensamientos marquen el camino.

Escribir para construir la confianza es una gran forma de aumentar tu ego y apreciarte a ti misma de verdad. Incluso si al principio te sientes algo incómoda, tienes que cumplir con la rutina de elogiarte por todo lo que has logrado hasta ahora. No es una carrera, así que no importa cuánto tiempo te tome alcanzar tus objetivos. Lo único que sí importa es que te muevas en la dirección correcta. Una técnica usada para construir la confianza y proyectar lo que quieres atraer es escribir cartas.

En caso de que quieras escribir una carta de gratitud, de agradecimiento, o una nota que explique lo que has conseguido, he preparado una plantilla práctica para que uses. De este modo, ya no tendrás que preocuparte por qué vas a escribir. Solo sigue la siguiente guía, cópiala y añádela a tu rutina de manifestación. Es mejor que completes la carta y la guardes en algún lugar al alcance de la mano. Léela en voz alta para que creas cada palabra que estás diciendo. Puedes dejarla junto a tu mesa de noche y leerla cuando te despiertes y de nuevo antes de ir a dormir. Hazlo durante veinte a treinta días y luego guárdala con cuidado. Cuando encuentres esa carta después de un tiempo, ¡estarás más que sorprendida!

MANIFESTACIÓN PARA MUJERES

Gracias, _____. (Aquí es donde escribes el nombre de a quien diriges la carta. Puede ser en lo que tú creas; un ángel guardián, un espíritu, una persona a la que admiras, una influencia o una persona de tu vida en particular).

Estoy realmente agradecida por todo lo que tengo en la vida. Es increíble tener toda esta salud, felicidad, amor y abundancia que llena mi existencia. (En esta sección, comienza dando las gracias por todas las cosas buenas que han sucedido en tu vida y las cosas que quieres lograr. De ese modo, las mencionas como si ya las estuvieras experimentando).

He cumplido mis objetivos personales y profesionales: _____. (Este es el momento de ser específica, así que escribe todo lo que quieres tener en la vida, tanto en lo personal como en lo profesional).

Ahora tengo _____. Disfruto del amor y la felicidad cada día de mi vida.

Gracias, gracias, muchas gracias, _____. (Repite el nombre de a quien está dirigida la carta).

Como podrás ver, es un patrón simple pero efectivo para una carta de gratitud. Siempre puedes agregar tus toques personales, por supuesto. Desde ya, sé creativa. Pero no seas modesta ni te alejes de lo que quieres lograr. Mantente firme y con una actitud positiva. Escribe como si ya cosecharas los frutos de tu manifestación. Activa la sensación de ya tener estas cosas en tu vida. Luego permítete olvidar lo que has escrito. Sigue adelante, piensa en otras cosas. Despeja tus pensamientos, sé creativa y vive tu vida. Por último, pero no menos importante, déjate sorprender gratamente cuando estas cosas lleguen a tu vida.

Usa esta plantilla para crear una carta de gratitud dirigida a tus padres o a las personas que te han inspirado a lo largo del camino. Asegúrate de escribir cartas, largas o cortas, para agradecer a quienes te han ayudado a ser quien eres. Además de eso, no te olvides de escribir cartas de gratitud a las personas que te gustaría tener en tu vida. Escríbeles como si ya te hubieran ayudado y quieres darles las gracias. De esta manera, cultivas la gratitud en varios sentidos. Destacas los sentimientos que has experimentado en la vida y, al mismo tiempo, proyectas las emociones que quieres sentir.

8
MANIFIESTA TU DESEO EN TREINTA DÍAS

¿Quieres que tu deseo dé sus frutos? Muy bien. ¿Cuánto tiempo puedes dedicar a lograr tu objetivo? El tiempo es dinero, así que no lo desperdicies. Por el contrario, tienes que hacer que cada minuto cuente para tu superación personal. Por suerte para ti, no existe una regla que dicte que tienes que pasar una cantidad enorme de tiempo preparándote para la Ley de la Atracción. Todo se trata de estar alineada con lo que deseas. Una vez que encuentres ese preciado equilibrio, el mundo es tuyo.

Fortalece las creencias que tienes sobre ti misma. Es uno de los objetivos principales que debes establecer. Escribe cada día en tu diario y describe cualquier cosa que hagas. De esta manera, serás capaz de entender dónde estás poniéndole obstáculos a tu éxito. Por otro lado, escribir te permitirá identificar todas las situaciones en las que te has llenado de energía positiva. Las cosas que aparecen en tu vida provienen de tus vibraciones. Si no lo reconoces, nunca podrás alcanzar tus metas.

Cree en tu fuerza interior, porque es indiscutible. Las afirmaciones positivas te ayudarán en tus esfuerzos por atrapar tu poder. Entra en la frecuencia de tu deseo. Cree que eres digna de recibir cosas increíbles en esta vida. No permitas que nadie te diga lo contrario. Eres increíble y eso no se negocia. ¿Pero qué te hace única? Piénsalo y escríbelo para que tus pensamientos se vuelvan realidad. Tienes que asegurarte de proyectar esa confianza al mundo. A su vez, esto te abrirá un nuevo mundo de oportunidades, porque eso es lo que atraerás hacia ti.

Si estás decidida a tener éxito, entonces es imprescindible que compartas tu entusiasmo inicial sobre todo el proceso de manifestación. ¿Por qué estás interesada en esta filosofía en primer lugar? Estoy segura de que en algún lugar habías leído algo sobre este secreto maravilloso que hace que cambies tu mentalidad. Por tu experiencia en la vida, esto es precisamente lo que te ha estado tirando abajo, así que pensaste que podrías darle una oportunidad. Al cabo de unos minutos, quedaste fascinada con las innumerables posibilidades que se abrieron frente a tus ojos.

¿Qué cosas han cambiado desde tu reacción inicial? La Ley de la Atracción es un regalo poderoso, así que ¿por qué deberías estar decepcionada? Si no ves resultados tangibles, tal vez tengas que reevaluar tus estrategias. Asumiendo que quieres acelerar el proceso, existen muchas cosas que puedes hacer. Las manifestaciones poderosas que describiré a continuación te permitirán lograr lo que deseas en una fracción del tiempo en el que te llevaría completar tu manifestación. Hazte cargo de tu vida y brega para hacer que las cosas sucedan.

Haz las cosas que te hacen sentir mejor. Así, animarás tu espíritu y te asegurarás de que la frecuencia vibratoria de tu cuerpo aumente drásticamente. Haz que la Ley de la Atracción vuelva a ser divertida. Evita reprimir tus deseos y sucumbir ante lo que dicta la sociedad. Ahora es tu momento de brillar. Disfrútalo y no te conformes con ningún otro sustituto. Inspírate, porque la inspiración impulsa tu espíritu hacia la grandeza. Sé consciente de la experiencia y aprecia el momento. Después de todo, eso significa vivir el presente.

Finalmente, tendré que insistir en que manifiestes lo que quieres. Por supuesto, escribir es una maravillosa manera de manifestar tus deseos. Sin embargo, no debes subestimar jamás el poder de expresar oralmente esos deseos. Puedes hacerlo en voz alta o puedes simplemente susurrar estas predicciones. No te preocupes, el universo siempre escucha. El hecho de que expreses todas las cosas que quieres recibir en la vida solo acelerará el proceso y te permitirá disfrutar las ventajas de tus sueños hechos realidad. Escuchar tu propia voz repitiendo esos deseos es muy relajante y también te permite creer en ellos por completo.

Dicho todo esto, y antes de continuar con las poderosas manifestaciones que acelerarán todo el proceso de atraer lo que quieres en la vida, tómate un momento para contemplar la siguiente frase. Como dijo el gran poeta griego Constantino Cavafis, *"cuando te encuentres de camino a Ítaca, desea que sea largo el camino, lleno de aventuras, lleno de conocimientos"* (Marlene, 2018). Muchas veces, el recorrido es más importante que el destino en sí mismo.

Manifiesta con las fases de la luna

Una forma espectacular de cumplir tus deseos en poco

tiempo es manifestar con las fases de la luna. Como tal vez ya sabes, la luna tiene la capacidad de controlar el agua. Estamos hechos en gran parte de agua y es por eso que sentimos una conexión tan fuerte con la mismísima luna. Muchas personas declaran que se han visto influenciadas por la luna llena y que su comportamiento cambia de forma drástica. Es verdad que la energía de la luna está en su punto máximo en la luna llena, y es por eso que causa estragos en todo el mundo. Además, la luna nueva representa un nuevo comienzo. Toda una nueva aventura que vuelve a comenzar. Borrón y cuenta nueva, una energía libre de bloqueos.

Para que puedas manifestar aprovechando las fases de la luna, tienes que escribir tu deseo como si ya se hubiera concretado. Como ya bien sabes, esto se llama "vivir en el presente". A diferencia de proyectar un deseo para el futuro, debes dejar en claro que tu deseo se ha cumplido. Después de terminar la carta, tienes que escribir la fecha. Esto te permitirá volverte consciente de tu deseo. Al desear que algo suceda, no estás siendo imprecisa. Además de establecer un periodo de tiempo, tienes que describir con lujo de detalles cómo te hizo sentir. Debes ser muy específica y describir todo. Como resultado, disfrutarás los beneficios de eso mismo que has querido atraer a tu vida.

La visualización es la clave para el éxito en la manifestación. Entonces, tan pronto como hayas terminado de escribir la carta, te aliento a que realices un ritual. Entierra esta hoja de papel en la tierra. Puedes elegir enterrarla en tu jardín o en tu balcón. Aunque parece algo extraño, dejar el papel debajo de la tierra te ayudará a estimular la visualización. Te ayudará a entender y concebirás a ese papel como una semilla. Esto es lo que te conecta con tu deseo. Deja que esa semilla crezca y se convierta en la satisfacción de tu deseo.

En dos semanas, habrá luna llena. Algunas personas verán su sueño hacerse realidad en la luna llena. ¡Son muy afortunadas! Si no eres una de ellas, no te preocupes; solo tienes que escribir otra carta. Esta carta será sobre ti. Te centrarás en tus virtudes y escribirás afirmaciones maravillosas que te describan. Incluye cosas como *"soy encantadora"*, *"soy increíble"*, *"tengo un corazón de oro"*, *"merezco ser amada"*, *"merezco ser apreciada y respetada"*. Luego, sigue el mismo ritual de antes: entierra este papel. En su defecto, puedes tirarlo a la basura o arrojarlo en el retrete. Sin embargo, aceptémoslo, enterrarlo es el mejor incentivo para visualizarlo como una semilla que crece.

El cuarto menguante es cuando la luna comienza a desaparecer después de la luna llena. Este es el momento ideal para una tercera carta. En esta carta te desharás de todas las emociones negativas que tal vez estés sintiendo. Esta vez usarás afirmaciones como "libero mi ansiedad" y "libero mis preocupaciones" para desterrar todas estas creencias limitantes. Las afirmaciones limitantes que nos imponemos sirven un gran propósito. Ellas te ayudan a cambiar tus pensamientos negativos y prevenir bloqueos. A diferencia de las dos cartas anteriores, tienes que quemar este papel. De esta forma, visualizas la liberación de esta energía negativa. Deshazte de ella de manera simbólica.

Cuando la luna pase por sus diferentes formas y se complete el ciclo, tu deseo pronto se hará realidad. Puedes usar las energías del universo a tu favor. Logra el equilibrio total con tu energía femenina divina y benefíciate con este regalo poderoso que se te ha dado en la vida. No permitas que nada te detenga o reprima y no pongas excusas. Te mereces lograr tus metas sin perder más tiempo valioso.

Cómo manifestar con agua

¿Acaso has oído hablar del doctor Masaru Emoto? Era un científico que se hizo conocido en todo el mundo por sus experimentos con agua. Él puso agua de la misma fuente en diferentes frascos y luego escribió distintas palabras en esos frascos. Algunas palabras tenían un significado positivo, como "amor" o "afecto". Otras eran emociones negativas, como "odio" o "decepción". Después, el doctor Emoto congeló el agua y observó los frascos. Lo que logró observar fue increíble. Los frascos que contenían agua y "palabras positivas" habían creado cristales de una inmensa belleza y simetría. Por otro lado, los frascos con "palabras negativas" poseían cristales con formas anómalas, sin armonía o belleza (Pitkanen, 2018). El agua sostiene la vibración de las palabras o cualquier cosa que se una a ella.

Como mencioné recién en la manifestación con las fases de la luna, las personas estamos hechas en gran parte de agua. Esto quiere decir que nuestro cuerpo se ve afectado por la luna, porque la luna controla el agua. Al mismo tiempo, el experimento de Emoto ha demostrado que nuestro cuerpo también se ve afectado por la vibración de las palabras. ¿Puedes entender lo importante que es esta realización? Si estás decidida a manifestar tu deseo en un mes o menos, entonces la manifestación con agua es una gran forma de hacerlo. Solo necesitas una botella de vidrio grande con tapa, una hoja de papel y algo para escribir en ella.

El mejor momento para comenzar esta manifestación poderosa es en la luna nueva. Sin embargo, puedes hacerlo cuantas veces quieras. Solo ten en cuenta que la luna nueva refleja nuevos comienzos. Primero, toma tu papel y escribe afirmaciones positivas sobre tu deseo. Por ejemplo, ¿quieres que te den un ascenso? Entonces, escribe sobre cómo te sientes respecto del ascenso que ya has obtenido. Recuerda que siempre debes escribir "en el presente" y no debes proyectar tus deseos futuros.

Debes tener cuidado con las palabras que elijas usar al momento de escribir en tu diario. Sé que es demasiado específico, pero tienes que prestar atención a las cosas más ínfimas si quieres tener éxito en tu manifestación. No uses ninguna palabra que esté cargada con vibras negativas. En lugar de decir *"no soy un fracaso"*, puedes intentar con *"soy exitosa y progreso en todo lo que hago"*. A pesar de que las dos frases tienen casi el mismo significado, la primera está cargada de energía negativa.

Escribe tus sentimientos con lujo de detalles y sé muy específica. Tómate el tiempo de pensar en todos los aspectos relevantes a este ascenso. ¿Cuánto dinero ganarás? ¿Qué oportunidades aparecerán con el tiempo? ¿Qué beneficios especiales tiene este ascenso para ti? Antes de terminar el proceso de escritura, da las gracias por este deseo que has logrado. Luego, busca una botella. Llénala de agua y sostenla con ambas manos. Ten la carta al lado tuyo y comienza a leer cada oración en voz alta.

Tan pronto como termines de leer cada frase, cierra los ojos. Repite la misma afirmación una y otra vez. Hazlo hasta que te convenzas de que esa afirmación específica es cierta. De esta manera, transferirás tu vibración positiva a la botella de agua. Cuando termines con una frase, continúa con la siguiente. Una vez que hayas terminado la carta, bebe un sorbo de agua. Como imaginarás, el agua estará cargada de las vibraciones positivas de toda tu carta. Es como una verdadera poción mágica, ¿verdad?

Ese sorbo de agua le recordará al cuerpo tu deseo y lo cargará con la vibración positiva de tus afirmaciones. Luego, coloca la botella en un lugar donde puedas cargarla con la gran energía de la luna nueva. Absorberá su energía y podrás beber el agua durante el próximo mes. Cada vez que bebas un sorbo de agua, tu cuerpo se revitalizará con este sentimiento poderoso y positivo. ¡Hazlo de manera constante y cumplirás tu deseo sin que te des cuenta!

9
15 HÁBITOS DIARIOS DE MANIFESTACIÓN QUE TRANSFORMARÁN TU REALIDAD

Es importante que pases tus días de forma productiva, de manera tal que pueda mejorar tu proceso de manifestación. Esto te permitirá mejorar tu rendimiento y atraer aún más cosas maravillosas a tu vida. Estoy convencida de que ya estás yendo por buen camino y te enfocas en cómo proyectar al mundo todas las bendiciones que quieres recibir. Con la ayuda que obtendrás de este libro, estoy segura de que triunfarás. Sin embargo, esto no significa que debes ignorar todos los otros aspectos de tu vida. De hecho, existen varios hábitos que puedes incorporar a tu rutina diaria para animar tu espíritu y encaminarte hacia una forma de vivir nueva y mejorada.

Asegúrate de comprometerte con este nuevo estilo de vida y experimenta con los hábitos que he compilado para ti a continuación. A pesar de que algunos de ellos puedan parecer algo estrictos, dales una oportunidad de todos modos. Los resultados te sorprenderán, ya que transformarás tu realidad exterior exactamente de la forma en la que siempre has soñado. Nada debe impedirte vivir la nueva versión de ti: más feliz, más saludable, más realizada y más abundante que nunca.

1. Escribe notas con tus objetivos y revísalas a menudo. Este es uno de los hábitos principales que tienes que incorporar a tu vida. Escribe todo lo que quieres lograr e incluye la fecha. Pueden ser metas a corto plazo u objetivos que cambiarán tu vida. No importa si son primordiales o no. Lo que sí importa es que evalúes tu recorrido e intentes descubrir cómo hacer que las cosas funcionen mejor para ti a la larga. Puedes usar una aplicación para poder llevar un registro de una manera más conveniente.

2. Memoriza esos objetivos. Por supuesto, no quiero decir que debes saberte todo el diario de memoria, ¡aunque eso sería impresionante! Sin embargo, debes repetir tus objetivos más importantes hasta que los sepas de memoria. Luego tendrás la posibilidad de repetir esas metas en tu mente una y otra vez. Es un buen hábito, sobre todo antes de dormir, repetirte a ti misma esas afirmaciones que te gustaría manifestar en tu vida.

3. Desglosa tus objetivos y celebra los pequeños logros. Te aconsejo que desgloses tus objetivos en otros más pequeños. Por ejemplo, si quieres perder 20 kilos, no puedes tener un solo objetivo. En cambio, concéntrate en el primer logro; perder el 5% de tu peso inicial. Cuando lo cumplas, ¡celébralo! Recompénsate por tu dedicación. Esto hará que fortalezcas tu motivación y te permitirá avanzar.

4. Escribe. Ya he hablado del poder de la escritura o de tener un diario, pero no me cansaré de decírtelo. Hazte el hábito de escribir todos los días, porque sin duda te ayudará a canalizar tu energía. También te permitirá ajustarte a tus objetivos y te ayudará a mantenerte alejada de todas las tentaciones. No necesitas que nada te retrase, ¿verdad?

5. Utiliza un tablero de visión. Incluso si no te convence esta idea en un principio, te aseguro que te atrapará. Sabes lo

importante que puede ser la visualización para manifestar tus deseos. Usa imágenes en un tablero donde puedas interpretar esos deseos y transformarlos en realidad. Puedes crear un tablero físico o digital. En lugar de cerrar los ojos y visualizar esas cosas, ¡ábrelos y disfruta!

6. Escucha meditaciones y audiolibros antes de irte a dormir. Tienes muchos audiolibros para elegir. Pero aún así, la mayoría de las personas están sumergidas en un estilo de vida frenético y literalmente no tienen tiempo para dedicarse a ellas mismas. Disfruta la productividad y solo relájate antes de ir a dormir. Todo este conocimiento se añadirá a tu mente sin que te des cuenta.

7. Cultiva un sentimiento de abundancia y practica la gratitud. Cuando te sientes abundante, lo proyectas al mundo y vuelve hacia ti. Este es el concepto que tienes que acatar cuando cultives ese sentimiento de abundancia. Al mismo tiempo, es igual de crucial que practiques la gratitud. Da gracias por todas tus bendiciones y házselo saber al universo.

8. Sonríe. ¡Tan simple como eso!

9. Sé amable contigo misma. ¿Por qué te castigarías por algo que hiciste? Tienes que apreciar quien eres y amarte más allá de las limitaciones.

10. Practica la respiración diafragmática. Prueba con respirar profundo desde el abdomen. Esto te permitirá usar el sistema nervioso parasimpático, el cual ayuda a la digestión y promueve la relajación.

11. Deja de mirar la televisión o, al menos, redúcela al mínimo posible. El tiempo que pasas frente a la televisión se desperdicia. Dejas de pensar y tu cerebro se abruma con tanta información fácil de digerir y todo ese contenido sin sentido. Además, la televisión te impide disfrutar de actividades mucho más provechosas; como ya sabes, el tiempo es dinero.

12. Haz ejercicio de manera frecuente. Cuando haces ejercicio, elevas de inmediato la frecuencia vibratoria de tu

cuerpo. Esto debería ser lo que te motive a incorporar una rutina de ejercicios a tu estilo de vida. Además, cuando te ejercitas, liberas endorfinas y te sientes feliz. ¡Tu salud también te lo agradecerá!

13. Come sano. Tu cuerpo es un envase y tienes que tratarlo con respeto. Muchas veces ignoramos su valor y solo nos concentramos en nuestra claridad mental y nuestra presencia espiritual. Escoge una dieta viable, que no solo nutra tu cuerpo sino que también lo ayude a sanar. El vegetarianismo en todas sus versiones, el veganismo, la dieta paleo o la mediterránea; estas son grandes opciones para que pruebes, siempre teniendo en cuenta la estacionalidad y los productos agrícolas locales.

14. Conéctate con la naturaleza. Disfrutar de la naturaleza y alinearse de verdad con su esplendor es un privilegio magnífico. Sal a dar un paseo y respira el aire fresco mientras escuchas el canto de los pájaros. Huele el aroma de las hermosas flores y observa las combinaciones de color en los campos y en el cielo. Disfruta de un hermoso amanecer o de un atardecer cautivador. Hay muchas cosas que crearán un equilibrio entre tú y lo que te rodea.

15. Despiértate temprano en la mañana. Por último, pero no menos importante, al menos debes intentar ser una persona matutina. Cuando te levantas temprano, tienes más tiempo para dedicarte a cosas que mejorarán tu calidad de vida. Date una buena ducha, medita o prepara un desayuno saludable. Date el tiempo que necesitas para despertarte lentamente, despierta tus sentidos con un sorbo de tu bebida favorita y prepara tu mente y tu cuerpo para un día lleno de energía.

¡Eso es todo! Por supuesto, eres más que bienvenida a agregar más hábitos positivos que contribuyan al progreso de tu experiencia de manifestación. Enfócate en lo que te haga sentir bien por dentro, porque eso es lo que vas a emitir. A cambio, la felicidad atrae más felicidad. La alegría genera alegría y regresa multiplicada. Amor, afecto, abundancia, éxito o crecimiento; ¡lo que se te ocurra!

No te resistas a la hora de esperar las manifestaciones

Has comenzado esta maravillosa aventura hacia tu yo superior y hacia manifestar tus deseos al mundo. Durante este recorrido, has pasado por algunos cambios realmente claves en tu vida. Has aprendido a relajarte y a evitar pensamientos negativos. Además, has dominado el arte de manifestar una emoción específica o una persona en particular. A lo largo de esta experiencia has pasado por algunos altibajos, y ahora estás lista para disfrutar los beneficios de la manifestación en todo su esplendor.

Sin embargo, un temor crece en lo más profundo de tu interior. Lo que comenzó como un pequeño ápice de duda ahora se ha salido de control. Cuando de manifestación se trata, todas estas expectativas que tienes pueden parecer lógicas para ti. Sin embargo, pueden pasar de ser patrones de motivación a ser el motivo de tu frustración. ¿No te parece contradictorio? Bueno, existe una delgada línea sobre la que me gustaría hablar. Por lo general, las expectativas son creencias fuertes que tienes sobre algo que estás segura que va a ocurrir. Por ejemplo, tal vez una de tus expectativas en la vida es tener abundancia. Estás segura de que ocurrirá y esto te hace sentir increíble.

Pasó un cierto tiempo, pero todavía no has llegado al punto de sentir que la abundancia fluye en tu vida. A pesar de que las expectativas de prosperidad te dieron alegría en el pasado, ahora se transforman en una amenaza. Es más, comienzas a cuestionarte la efectividad de tu actitud. "¿Estaré haciéndolo bien?", "¿por qué la manifestación no funciona para mí?", "¿qué me está pasando?" y "¿cuánto más tengo que esperar para obtener lo que merezco en la vida?" son algunas de las preguntas que pueden rondar por tu mente y que te causan un extremo desasosiego.

Si tus expectativas te provocan frustración, entonces ellas oponen una resistencia. Por lo tanto, tienes que soltarla. Está haciéndote daño y al mismo tiempo bloquea tu progreso hacia el cumplimiento de tus objetivos. Sé que tal vez he tocado un punto sensible con esta descripción, pero es mejor lidiar con ello tan pronto como suceda. En lugar de conformarte con estar estresada todo el tiempo, tienes que relajarte. Tienes que liberar la tensión que es generada por la resistencia. Lo que tienes que hacer es transformar tu mentalidad por una de esperanza. No te preocupes por cómo vas a lograrlo. Es una estrategia bastante simple, pero realmente efectiva.

Esperar que algo suceda significa que estás haciendo una cuenta regresiva hasta que sí suceda. Esto puede provocar un nivel tal de anticipación que no podrás controlar. Como resultado, te dará ansiedad y con el tiempo te dará una decepción. No puedes pasar tus días preocupada porque tu deseo aún no se ha manifestado. Esto es contraproducente y no te da ningún beneficio. Por otro lado, puedes invertir la situación de una forma muy sencilla. Lo que tienes que hacer es concentrarte en la sensación de expectativa y esperar que tu deseo se manifieste de inmediato. ¿Suena muy difícil?

Este cambio en tu mentalidad también se reflejará en tus afirmaciones diarias. Ya no pensarás en cosas como: "*espero que mi deseo se manifieste. ¿Por qué no se manifestó todavía? Debo estar haciendo algo mal*". Por el contrario, tendrás pensamientos más positivos: "*ojalá mi deseo se manifieste. Ojalá esté haciendo todo bien y que mi deseo se manifieste pronto*". Aunque estas dos formas de pensar tienen sus similitudes, la verdad es que son muy diferentes. La primera añade estrés a la mezcla, mientras que la segunda alivia tu alma y te llena de vibras positivas.

La práctica hace a la perfección

MANIFESTACIÓN PARA MUJERES

Cambiar tu vida de un momento a otro sería espectacular. Por desgracia, no es así como funciona la vida. ¿En qué parte está la diversión? Si fueras capaz de transformar tu vida con tanta facilidad, lograr una de tus metas no se sentiría tan increíble. Sería una mera parte de la realidad, algo que ocurriría de todos modos. Estoy segura de que ya has oído cientos de veces la frase "sin esfuerzo no hay recompensa". Sin embargo, esto no quiere decir que no debes intentar mejorar tu existencia y atraer todo lo que quieres recibir.

Esto es lo que hace la Ley de la Atracción, darte una mano para lograr las metas que te has propuesto alcanzar. No hace falta aclarar que no puedes esperar que estos objetivos se cumplan de la noche a la mañana. Toma como ejemplo la lista que compartí contigo, la de los 15 hábitos de manifestación diarios que harán maravillas por ti. Esto es genial y sin duda debes comenzar a aplicar esos hábitos. Pero ¿estás segura de que puedes hacer todas esas cosas? Incluso si es así, ¿cuánto tiempo crees que te llevará?

Comienza despacio y avanza de a poco, agrega cada vez un poco más cuando te sientas más cómoda. En este caso, puedes comenzar por sonreír más cada día y seguir una dieta sana, o puedes realizar actividad física como caminar de tu casa a la oficina y viceversa. Cómprate un diario y comienza a escribir lo que haces cada día. Descubre cuáles son las afirmaciones positivas que funcionan para ti para memorizarlas y repetirlas día tras día. Reduce el tiempo que pasas frente a la televisión, y a cambio sal de casa y admira la naturaleza.

Construye poco a poco tu vida de la forma en la que te haga más feliz y más satisfecha. Encuentra consuelo al darte cuenta de lo mucho que has crecido y de lo que realmente importa en la vida y al dejar de lado todos los pensamientos tóxicos. Incluso si tienes una recaída, nunca te castigues por eso. Piensa en ello como un pequeño obstáculo que solo te hará más fuerte. No lo consideres la punta del iceberg, porque esto solo te traerá una gran cantidad de estrés en el futuro.

En este proceso, la consistencia es vital. Tendrás que hacer un gran esfuerzo y continuar con tus hábitos a largo plazo. De lo contrario, todo tu trabajo duro se desperdiciará. Si eres consistente, aumentarás tus probabilidades de tener éxito. Recuerda que tienes que cambiar la frecuencia vibratoria de tu cuerpo. La mejor manera de hacerlo es emitir energía positiva desde adentro, y solo podrás lograrlo haciendo cambios a largo plazo en la forma en la que te sientes. Apégate a este régimen y disfruta los frutos de tu labor que aparecen frente a ti.

10

MEDITACIONES PARA IMPULSAR TU MANIFESTACIÓN

¿Estás preparada para unas meditaciones guiadas de manifestación para mujeres, bien poderosas, relajantes y alegres? En esta sección del libro, te voy a enseñar exactamente cómo debes meditar para poder atraer las cosas específicas que quieres en tu vida. Estas meditaciones te enseñarán a hacer foco en lo que es más importante para ti. Están explicadas con lujo de detalles para tu comodidad. Me aseguré de incluir meditaciones paso a paso que abarcan todo lo que necesitas, para que puedas grabar el texto del libro y volver a escucharlo como una meditación guiada si lo necesitas. ¿Qué te parece?

Recuerda que tienes que enfocarte en un solo objetivo cada vez que manifiestes. Si te entusiasmas demasiado e incluyes muchos deseos en tu manifestación, entonces vas a sufrir una gran decepción. La verdad es que la manifestación se divide en muchas ramas si agregas más de un deseo a la mezcla. Como resultado, la energía que emites no te dará los resultados que esperas. Para evitar toda esa incomodidad, es mejor que te concentres en solo un objetivo. De esta manera, serás capaz de lograrlo más rápido y de una manera más eficiente.

Meditación para manifestar cualquier cosa

Como nos sugiere el título, esta es una meditación flexible que puedes usar casi para cualquier cosa que desees atraer a tu vida.

Respira profundo. Este es el momento de despejar tu mente de todo pensamiento. No te aferres al mundo físico; déjalo ir. Solo concéntrate en lo que quieres atraer a tu vida. La manifestación puede ser relevante para cualquier cosa en tu vida. Sin embargo, tienes que ser lo más específica posible.

No tengas miedo de precisar con exactitud qué es lo que quieres manifestar. ¿Quieres ganar veinte mil dólares a fin de mes? ¿O quieres recuperar a tu ex en los próximos diez días? Tal vez tu deseo es ser una persona más sana y bajar tus niveles de colesterol lo más rápido posible. ¿Quieres atraer a un socio exitoso para que se una a tu negocio a fin de este periodo? Piensa en todos los detalles y evita ser imprecisa.

Respira profundo de nuevo, ahora mucho más relajada. Como estás relajándote, puedes acceder con mayor facilidad a lo más profundo de tu espíritu. Te abres y confías en esta meditación. Recuerda que ya estás experimentando lo que quieres manifestar. Confía en ello y, mientras tanto, vuelve a respirar profundo.

Ahora sientes que tu cuerpo suelta cada uno de los músculos. Tus músculos se aflojan y caen a tus pies, comenzando por las piernas. Tu abdomen se relaja y no sientes tensión en el cuello. Relajas la mandíbula y los músculos alrededor de los ojos. Todo tu cuerpo siente esa calma y liviandad en tu vida.

Respira profundo de nuevo e intenta percibir cualquier sentimiento negativo que tengas. Estoy segura de que aún quedan emociones persistentes que te impiden alcanzar tu energía femenina divina. Deja ir cualquier sentimiento negativo como el miedo, la duda o la depresión. Reemplaza estos sentimientos con energía positiva que fluye por todo tu cuerpo.

Ahora, concéntrate en lo que quieres manifestar. ¿Cómo te sentirías si ya tuvieras eso en tu vida? ¿De qué manera afectaría tu vida? ¿También cambiaría las vidas de quienes te rodean? Imagina todas las consecuencias de esta manifestación.

Tómate un momento para visualizar cómo le contarías eso a quienes forman parte de tu círculo íntimo de familia y amigos. Imagina sus reacciones y visualiza las charlas que tendrías con ellos. Ya lo estás viendo suceder frente a tus ojos.

Visualiza tu vida como si ya disfrutaras de esta manifestación. Percíbelo, siéntelo en tu corazón. Observa cómo es tu vida ahora después de haber atraído este deseo y enfócate en los sentimientos que experimentas. ¿Te sientes feliz? ¿Te hace sentir más motivada? Esto ya está ocurriendo en el presente; no cabe duda.

No hay restricciones, así que la forma en que se dé esta manifestación no hace ninguna diferencia. Es gracias a tus infinitas posibilidades que lo has atraído a tu vida, y ahora disfrutas de todos los beneficios que lo rodean. Ahora mismo tienes lo que quieres y eso es todo lo que importa. Esta es tu realidad; este es tu momento de brillar.

Continúa con tu visualización. Puedes verla, está frente a tus ojos, así que sabes que está allí. Si no es una visualización física, estás percibiendo las reacciones de ese deseo ya manifestado en tu vida, así que no puedes dudar de que ha sucedido.

Ahora, déjalo ir; suelta todas las visualizaciones y todos los sentimientos positivos. No te preocupes, no vas a perder tu manifestación. Esto te permitirá pasar a la acción y manifestar ese deseo en tu vida para siempre. Cada decisión que tomes te acercará cada vez más a tu objetivo.

Respira profundo y relájate. Sabes que tu subconsciente te guiará para que recibas lo que quieres sin ningún esfuerzo. Esta es tu convicción, nadie puede quitártela. Respira profundo y regresa a la realidad sabiendo que lo que has manifestado está en camino.

Cambia tu realidad

Si quieres atraer grandes cosas a tu vida, tienes que cambiar tu frecuencia. Esta es una meditación maravillosa que te ayudará a cambiar tu vibración y a su vez te permitirá manifestar todo en tu vida.

Esta es una meditación poderosa que transformará tu vida y toda tu presencia física. Ponte cómoda, recuéstate en algún lugar acogedor.

Respira profundo tres veces, inhala por la nariz y exhala por la boca. Esto te ayudará a relajarte, a calmar tus sentidos por completo y a prepararte para cambiar tu frecuencia.

Imagina que tus pensamientos y la tensión que acumulas a lo largo del día se disipan poco a poco, así que ahora te sientes liviana y relajada. Luego, visualiza una luz copiosa. Comienza a relajar los pies y los tobillos, y avanza hacia las piernas y el estómago.

Avanza hacia arriba y deja que cada célula de tu cuerpo absorba la maravillosa luz que estás visualizando. Sigue moviéndote hasta el pecho, el cuello y el rostro. La luz brilla sobre tu hermoso rostro y ahora por encima de tu cabeza.

Ahora, visualiza dos pares de zapatos. Los zapatos a la

izquierda reflejan a la antigua tú. Están desgastados y se los ve poco atractivos. Los zapatos a la derecha representan a la nueva tú, así que debes caminar con esos zapatos nuevos.

Imagina que estás caminando hacia tu manifestación. Tu deseo ya se ha hecho realidad, así que disfrutas esta caminata con tus zapatos nuevos y te sientes increíble. ¿Cómo te hace sentir esto? Experimenta todo este proceso y disfruta cada detalle.

¿Cómo se siente esta manifestación? ¿Qué cambios han sucedido? Míralos vívidamente. Expande esta sensación cada vez más. Deja que esta cálida sensación envuelva todo tu cuerpo. ¿Cómo te sientes?

Ya has recibido tu manifestación. Observa las reacciones de quienes te rodean y analiza tu propio comportamiento. Permítete asimilar esta experiencia, disfruta cada aspecto de esta manifestación en tu vida. ¿Qué otras oportunidades te traerá?

Observa los cambios en la nueva tú; te estás convirtiendo en una persona más madura, más inteligente y más realizada. Estás viviendo tu sueño. Eres la mejor versión de ti misma. Todos tus deseos se hacen realidad frente a tus ojos y te hacen sentir increíble. Te sientes plena.

Respira profundo por última vez y recuerda a la nueva tú. Debes acostumbrarte a esta sensación, porque atraerá todo lo que quieres en tu vida. Repite la misma meditación tantas veces como lo desees, por lo menos una vez al día durante un mes. Abre los ojos, estírate un poco y sonríe.

Meditación para manifestar una relación amorosa

Si quieres atraer el amor a tu vida, entonces debes seguir esta meditación poderosa. Te ayudará a abrirte y te preparará para conectarte con el mundo.

Respira profundo y asegúrate de que estés en el presente. Eleva el pecho para que los pulmones se expandan. Llena los pulmones de aire fresco lo más que puedas. Mantén el aire durante unos instantes y suéltalo de a poco. Repite el mismo proceso dos veces.

Deja caer el peso de tu cuerpo sobre la superficie debajo de ti y siente cómo te haces más liviana. Siente cómo tu energía fluye ligeramente. Respira suavemente y visualiza dos rosas, una al lado de la otra. Percibe los colores de las rosas y la textura de los pétalos.

Con los ojos cerrados, observa claramente estas dos rosas. Toma una de esas dos rosas y sostenla en la palma de tu mano. Ofrécela como un regalo a tu corazón. Sé amable y gentil. Mira cómo llena el vacío de tu corazón. Ha florecido y se abre dentro de tu pecho.

Este es un recordatorio del hecho de que tienes que amarte a ti misma. Admira esta rosa de amor profundo. Ella representa quién eres, junto con tu ternura, tu honestidad y tu capacidad para lograr una conexión profunda con quienes te rodean. Ella demuestra que puedes conectar incluso con quienes no has conocido aún.

Piensa en la calidez de tu sonrisa y la suavidad de tu tacto. Eres única, una diosa innata que influye a quienes te rodean. Si no lo sabes todavía, recuerda que eres una verdadera bendición en este mundo.

Ahora, visualiza la segunda rosa. Obsérvala con cuidado, mira cada pequeño detalle. Es una flor delicada y fresca. Si miras con atención, te darás cuenta de que la segunda rosa también es única. Esta traerá a una pareja amorosa y cariñosa a tu vida.

Siente tu deseo de amar y ser amada: te mereces experimentar esa sensación. Felicítate por el valor de amarte y mantenerte a ti misma. Debes ser feliz, porque tienes que darle afecto a otra persona. Disfrutas de un vínculo único con tu pareja; esa es tu intención honesta. Mira cómo las dos rosas se funden en el centro de tu corazón. Se ha logrado la conexión. Las dos flores se comprometen a amarte a ti misma por completo, mientras que también reciben el amor de tu pareja. Es un sentimiento maravilloso que proviene de tu intención más pura.

El universo siempre te guía y te lleva hacia una persona que te nutre, te ama, te respeta y te acepta tal cual eres. Una persona que atesora cada momento que pasa contigo y te ama sin condiciones.

Visualiza nuevamente las dos rosas y repite esta misma meditación cada vez que desees atraer amor a tu vida. Respira profundo de nuevo y enfócate en tu cuerpo. Siente cómo tu cuerpo vuelve a conectarse con la tierra, y abre los ojos lentamente.

Meditación para atraer el éxito a tu vida

Esta es una gran meditación para recibir el éxito en tu vida. Se utiliza sobre todo para atraer la abundancia y los logros profesionales.

Debes mantener tu cuerpo en contacto con la tierra, así que tienes que encontrar una posición en la que estés sentada cómodamente. Tus pies están en el suelo y los hombros están relajados y flojos. Respira lento y profundo.

Tómate un momento y trae a tu mente pensamientos de éxito. Visualízalos y disfruta de las grandes expresiones de éxito. Tu mente puede ahondar en los momentos de éxito más gloriosos y traerlos a tu atención.

Debes estar orgullosa de lo que has logrado hasta ahora, dados esos momentos de éxito que se te vienen a la mente. Ahora es el momento de tomar el control total de tu vida y acentuar el éxito.

Este es el momento de comenzar a hacer todas las cosas que habías postergado. No más dificultades, no más ansiedad, y no más estrés; estás dejando ir tus hábitos pasados e incorporando nuevos hábitos a tu vida. Estás preparada para dar el siguiente paso hacia el éxito. Estás lista para los hábitos positivos, como ser más organizada.

En el pasado, has dejado cosas para después. Aplazar proyectos, evitar el trabajo y tomar malas decisiones ya no son una opción. Ahora estás lista para sentar las bases de una vida positiva.

Respira profundo y expande el pecho. Respira de nuevo, lento y profundo. Te has dado cuenta de que debes ocuparte de algunas cosas desagradables y afrontarlas con actitud. Esta es la única forma de que tengas éxito en tu vida adulta. No evites las tareas que no te gustaba hacer en el pasado.

No dejes que tu ego tome el control, porque estás lista para entrar al camino del éxito. Deshazte de todas las predicciones y todos los pensamientos negativos. Esto permitirá que la energía positiva fluya por todo tu cuerpo y en tu vida diaria.

¿Cuáles son los hábitos que quieres incorporar a tu vida? Visualízalos en detalle para experimentarlos y hacer una diferencia en tu camino al éxito. ¿Quieres comprometerte a levantarte temprano o afrontar las finanzas de tu negocio? Convierte esos pensamientos en hábitos.

Estás preparada para experimentar una sensación de libertad a medida que te haces más fuerte a nivel emocional y mental. Este es el camino hacia el éxito para ti. Cada día, el trabajo se hace más fácil y progresas a la hora de perseguir nuevos hábitos positivos.

Haz una promesa de que te apegarás a tus nuevos compromisos, no importa lo difíciles que puedan ser. Esta es la forma de alcanzar la grandeza, así que estás dispuesta a tener éxito. Tu éxito vendrá de manera natural, libremente y sin ningún esfuerzo.

Respira profundo de nuevo y poco a poco vuelve a hacerte consciente de tu cuerpo. Has estado en contacto con la tierra, así que abre los ojos y dale la bienvenida a tu nueva realidad. Bienvenida al camino del éxito.

II

MANIFIESTA LOS OBSTÁCULOS Y VÉNCELOS

"*¿Por qué la Ley de la Atracción no funciona para mí?*". Esta es probablemente la pregunta más frecuente y representa algo que siento que tengo que explicar más en detalle. Es verdad que no todas las personas que practican la Ley de la Atracción ven resultados. O para ser más precisa, no los ven, a no ser que reconozcan lo que han estado haciendo mal. Si quieres tener éxito en este camino y atraer todas las cosas que quieres en la vida, tienes que estudiar. Es imprescindible que entiendas por completo la ciencia detrás de la Ley de la Atracción.

En capítulos anteriores, he explicado los principios básicos de la Ley de la Atracción. En esencia, tienes que entender que la vibración atrae más vibración y que cada persona tiene su propia frecuencia resonante. Cuando alcanzas esa frecuencia resonante, puedes tener éxito literalmente en todo. Lo que debes hacer es cambiar tu frecuencia vibratoria y tus patrones de pensamiento para alinearte con lo que deseas. El universo trabaja con el tiempo y espacio. Por lo tanto, tienes que alinearte con esa frecuencia vibratoria todo el tiempo. De lo contrario, no serás capaz de atraerla a tu vida.

Dicho esto, solo somos humanos. Esto quiere decir que estamos destinados a cometer errores. Un pensamiento negativo, un periodo de desazón o un ataque de pánico pueden generar obstáculos y dificultar tu progreso mientras intentas manifestar tus deseos. Es justo que reconozcas cuáles son esos obstáculos para poder lidiar con ellos de manera eficiente. ¿Cómo puedes saber cuáles son tus obstáculos? ¿Cómo puedes deshacerte de estos obstáculos en tu camino a manifestar tus deseos al mundo?

Atraes más de lo que sientes, en vez de lo que piensas, en un momento determinado. El universo percibe por qué quieres algo en tu vida. Si estás manifestando algo porque sientes que te falta, el universo te lo desmentirá y terminarás sin obtener lo que quieres. Por este motivo es crucial que sientas la abundancia, para atraer la abundancia de nuevo hacia ti. Intenta sentir la plenitud. Tus emociones y tus pensamientos son los que transforman tu realidad, y no al revés.

Intentar que algo suceda es muy masculino, y esto es muy bueno en ciertas ocasiones. Sin embargo, esto no funciona bien en tu vida amorosa; piénsalo de este modo. Cuando intentas visualizar a la pareja de tus sueños, tienes que enfocarte en dejar que venga a tu vida. En ese instante, deberías pasar a tu energía femenina. De lo contrario, comenzarás desde una posición de escasez; manifiestas a la pareja de tus sueños porque no la tienes, y esto será una catástrofe para ti. Cuando de temas del corazón se trata, tienes que sacar tu energía femenina. Esto te ayudará a establecer el enfoque para darle la bienvenida a lo que ya visualizas en tu vida.

Otro obstáculo que quizás no tienes en cuenta es el impacto de tus manifestaciones en los demás. A pesar de que pensarías que ellos no afectan demasiado a tu manifestación, en realidad sí. Imagina que quieres viajar por todo el mundo y descubrir diferentes culturas. Esta es una oportunidad maravillosa para ti que te llena de emoción y alegría. ¿Pero qué hay de tus padres sobreprotectores o de tu amorosa pareja? ¿Ellos comparten tu entusiasmo o acaso esta manifestación sacará a relucir emociones negativas?

Lo que tienes que hacer en este caso es reinterpretar las consecuencias negativas de tu deseo ya manifestado como creencias empoderantes. Tienes que asegurarte de que tu manifestación genere alegría en los demás; es la forma en la que el universo concederá tu deseo. Por ejemplo, puedes visualizar que te comunicas con tus padres con frecuencia y que ellos están orgullosos de ti por seguir tus sueños. Tal vez tienes problemas para realizar esta reinterpretación en un principio. Esto solo mejorará con el tiempo, porque tu cerebro poco a poco se reprogramará para pensar en positivo. Y no solo eso; tu mente subconsciente seguirá el mismo camino.

Muy a menudo, cambiar tu mente te impedirá manifestar lo que quieres. Esto sucede porque quieres muchas cosas diferentes y no te das el tiempo suficiente para procesarlo y alinearte con esa frecuencia vibratoria particular para atraerlo. No sigas de largo; por el contrario, encuentra lo que en verdad quieres. Aférrate a ese objetivo y no lo sueltes hasta que se haya manifestado. Luego, por supuesto, puedes seguir algo diferente. Sin embargo, no confundas así al universo y no pierdas el enfoque.

Antes de completar esta referencia de obstáculos que puedes llegar a encontrar durante la manifestación, tienes que dejar en claro la diferencia entre la visualización enfocada y la meditación. A menos que sepas cómo usar cada una de estas técnicas, tal vez bloquees tu progreso al momento de la manifestación. Así que, a través de la meditación, usas el *mindfulness* para hacerte más consciente. Básicamente, cambias tu mentalidad, intentas alcanzar la claridad mental y un estado mental de calma. Por otra parte, la visualización enfocada te permite concentrarte en lo que quieres atraer. Es más clara y puedes hacerla en cualquier momento. Simplemente te deshaces de las distracciones y te concentras en lo que quieres lograr.

¿Tu integridad personal se entromete?

¿Dentro o fuera de tu integridad? No puedes fingir la Ley de la Atracción. La integridad es tu conjunto de principios: tu código ético que te lleva a comportarte de una forma en particular. Cada vez que haces cosas que no se ajustan a tus ideales, sientes vibraciones negativas. Esto, a su vez, conduce a obstáculos en tu camino hacia manifestar tus deseos y volverlos realidad. ¿Suena como algo que quieres en tu vida? Es una pregunta retórica, porque sé lo comprometida que estás con la manifestación y con alcanzar tu yo superior.

Existe un antídoto que puedes usar para contrarrestar este veneno. Ser honesta, pagar tus deudas y evitar pedir prestadas cosas de los demás. Sé amable con las personas que te rodean y nunca digas chismes sobre ellas. Nunca hagas una promesa que no tienes pensado cumplir. Sé puntual y justa en tus decisiones. Todo lo que digas y hagas tiene que estar basado en estos valores. No caigas en la vorágine de la mentira, incluso si son "mentiras piadosas" o inocentes en tu opinión. Hasta esas mentiras te impedirán lograr tus metas. Le pondrán trabas a la energía positiva pura que quieres en tu vida.

Es importante que te mantengas fiel a ti misma; si no, te enfrentarás a un dilema moral. Incluso si intentas racionalizar, nunca podrás justificar tus acciones si tergiversas la verdad. Solo visualiza que te pones en el lugar de la otra persona a quien estás afectando con tu comportamiento. ¿Cómo te sentirías si algo similar te ocurriera? Si hubiera una persona que se comportara de una manera similar a ti, ¿estarías cómoda? ¿O te sentirías frustrada y fuera de lugar?

Todas las personas cometen errores y es bastante entendible. No puedes controlar cada uno de tus pensamientos todo el tiempo y de vez en cuando es esperable dejarse tentar. El mundo, después de todo, es un lugar exigente. Cada día interactúas con personas. Tomas decisiones sobre todo, desde la cosa más insignificante hasta el logro más crucial. Recuerda que esto no es una competencia: es tu vida la que intentas mejorar. Después de haber entrado en un callejón sin salida de mentiras y falsedad, tu vida se hará mucho más difícil.

Tienes que comprometerte a ser responsable de tus acciones. Si siempre pones excusas por tu mal comportamiento, lo haces para sentirte mejor con tus decisiones particulares. Sin embargo, esto no funciona a la larga. Después de un tiempo, notarás el cambio en tu frecuencia vibratoria. Todo tu equilibrio se derrumbará y te dejará en el aire. Incluso si haces bien todo lo demás, no lograrás ver los resultados que anticipaste en tu proceso de manifestación.

Redímete haciendo todo lo posible para mantener el equilibrio en el mundo. No puedes cambiar tu pasado; eso no se negocia. Sin embargo, mediante la redención, cambiarás tu vibración mientras haces algo bueno por otra persona; esto permitirá que tu vibración cambie. Es una lucha constante y debes ser consciente de las adversidades, pero jamás te comportes de una manera que haga daño a los demás. Ese es el epítome de soltar tu vibración y dañar tu psiquis. ¿Cómo puedes esperar manifestar después de eso?

Cinco mitos perjudiciales sobre la manifestación que pueden hacerte daño

Tiene sentido que ahondes en la Ley de la Atracción y en el concepto de manifestar tus deseos en el mundo. Hay demasiada información ahí afuera, así que es muy fácil para ti buscar y recopilar un montón de recursos para estudiar. Sin embargo, tienes que tomar todo con pinzas. En otras palabras, no te creas cualquier video que veas en YouTube.

No creas en todo lo que escuchas, sobre todo si contradice tus creencias o lo que sabes sobre el tema. Créeme, a veces menos es más. A continuación, me referiré a cinco de los mitos más peligrosos que existen sobre la manifestación. Esto lo hago para protegerte y motivarte a comparar todo lo que aprendes sobre la Ley de la Atracción.

Uno de mis favoritos personales es el mito de la condición. Hay personas que afirman que puedes manifestar tus deseos y obtenerlos sin cuestionamientos. El único requisito es que pongas en práctica la regla de la condición. Sin embargo, esconde un miedo más profundo: estoy hablando de la trampa de la exoneración. La vida está llena de desafíos. Para poder lograr algo, tenemos que dedicar tiempo y esfuerzo. La insatisfacción y no obtener las cosas que queremos forman parte de nuestras vidas. En ocasiones, cuando algo que quieres no se manifiesta en tu vida, es una lección del universo. No tienes que pensar en ello como un castigo. Decepcionarte por tener que esforzarte para lograr algo es contraproducente y te impide apreciar del todo el verdadero significado de la vida.

Seguimos. Existe la idea errónea de que puedes manifestar cosas incluso si no estás lista para recibirlas en tu vida. No podría estar más lejos de la verdad. Tienes que convertirte en la persona adecuada para recibir las cosas adecuadas. Déjame darte un ejemplo. Si alguien gana un millón de dólares sin haber trabajado un solo día de su vida, entonces no tienen la más mínima idea de cómo invertir ese dinero. No han pasado por el proceso de ganar el dinero, aprender a formar un negocio productivo, y demás. Como resultado, básicamente, viven tiempo prestado y terminan en la quiebra. ¿Qué sentido tiene recibir una bendición cuando claramente no estás lista para recibirla en un cierto momento?

Otro mito que puede entrometerse y potencialmente hacerte daño en tus intentos por manifestar tu deseo en tu vida es compartir en exceso. Sé que te entusiasma mucho la Ley de la Atracción. Eso es genial, y nada me gustaría más que ver que se cumplen tus expectativas y que incluso las superas sobre la marcha. Sin embargo, existe una delgada línea que jamás debes cruzar. Cuando le cuentas a los demás lo que tratas de hacer, te arriesgas a la posibilidad de atraer emociones negativas. Si ellos están celosos de tu éxito manifestado y tu felicidad, proyectarán esa energía negativa en ti. ¿Estás segura de que quieres eso en tu vida?

No tienes que volverte una persona reservada. Solo filtra las cosas que compartes para mantener una vida social equilibrada sin ningún tipo de problemas sobre la marcha. No estoy diciendo que tienes que ser introvertida o mentirle a las personas. De hecho, he explicado cómo las mentiras pueden tener un efecto negativo sobre tus manifestaciones. Aún así, no hay razón por la que los demás deberían saber hasta el más mínimo detalle de cómo has logrado tantas cosas. Obviamente, no tienen que saber cuánto dinero tienes en el banco y cómo la Ley de la Atracción te ayudó con eso. Créeme, esto te ahorrará un montón de sufrimiento.

El cuarto mito sobre la Ley de la Atracción es sin duda la cantidad de tiempo que te toma lograr tus metas. Con toda honestidad, ¿cómo esperas que algo tan maravilloso aparezca en tu vida de la noche a la mañana? Son afirmaciones ridículas. Es igual que afirmar que una dieta específica te hará perder diez kilos en una semana. Por supuesto, estas declaraciones no son válidas y perjudican tu determinación. Una vez que veas que tus manifestaciones no se cumplen en un periodo corto de tiempo, tiene sentido que uno se desanime. La incredulidad entra en tu mente y te impide crecer.

Por último, un mito sobre la manifestación que se repite constantemente es la obsesión por las posesiones materiales. Muchas personas creen que tener más dinero o una casa de lujo eliminará automáticamente cualquier emoción negativa que tengan. ¡Ojalá las cosas fueran así de simples! Bajo ninguna circunstancia debes idolatrar el dinero o las posesiones. Ese no debe ser tu objetivo o un medio para lograr lo que quieres. Lo único que pueden darte es paz mental con respecto a tu futuro financiero. Ellos te permiten hacer más cosas, pero está en ti encargarte de los recursos que recibes.

Como puedes ver, hay varias ideas erróneas que pueden entorpecer tu oportunidad de brillar y lograr tus objetivos personales. Establece objetivos racionales y siempre analiza las cosas que lees o escuchas en un podcast, un video o una conversación. Confía en tu propio poder y haz lo que te haga feliz sin entrometerte con la frecuencia vibratoria de tu cuerpo. Ahora, avancemos al capítulo final de este libro, donde expondré un inspirador ritual diario que te ayudará a manifestar.

12

LA FÓRMULA SECRETA DE 30 MINUTOS DEL RITUAL DIARIO DE MANIFESTACIÓN FEMENINA

Es importante que sigas un ritual diario que te permita comenzar tu día de una forma productiva y te haga sentir increíble. Esto establece el tono de tu frecuencia vibratoria elevada para poder atraer lo que quieres manifestar en tu vida. Por supuesto, puedes agregar tus toques personales y crear el ritual matutino perfecto para realizar día tras día. Despiértate temprano en la mañana, porque te permitirá apreciar la naturaleza en todo su esplendor. Afuera está tranquilo, porque el mundo no ha iniciado su frenesí. Te despiertas y te preparas para un día lleno de emociones. Hacer la cama te dará una sensación de logro, un hermoso sentimiento al que puedes aferrarte a lo largo del día. Escribe tu propia rutina y pégala en la pared para que te inspires; ¡funciona!

Apenas te despiertes, abre las cortinas y deja que la luz natural llene todo el cuarto. Esta es una forma simbólica de purificar y limpiar el entorno en el que estás, mientras que al mismo tiempo animas tu espíritu. Abre las ventanas e inspira ese aire fresco. Se siente rejuvenecedor, ¿verdad? Todo esto, por supuesto, dependerá de dónde vives. Si vives en el campo o si tienes un jardín, podrás sentir el aroma de las fragantes flores y hasta podrás oír el canto de los pájaros alegres. Si no estás en el campo, no importa. Aprecia el lugar en el que estás y quédate en el presente.

Mantén tu hogar limpio y libre de desorden. No puedo repetirlo las suficientes veces. Tu espacio personal es un reflejo de lo que sucede en tu interior; por lo tanto, un hogar abarrotado quiere decir que eres un desastre. ¿Cómo puedes soportar esta situación? Por otro lado, si limpias con frecuencia, todo estará en su debido lugar. Esto te hará sentir mejor y proyectarlo al mundo que te rodea. De un modo similar, presta atención a tu higiene personal y tu apariencia física. Esto no tiene nada que ver con la vanidad. Sin embargo, tienes que apreciarte a ti misma y tratarte como la diosa que eres.

Ahora es el momento de avanzar al ritual matutino propiamente dicho, el cual te dará la oportunidad de expandir tu manifestación. No te llevará más de treinta minutos, lo cual es absolutamente genial. Este es el tiempo justo para dedicarte a ti misma, promover tu crecimiento personal y asegurarte de que vayas por el buen camino hacia la felicidad, la abundancia y el amor.

1. Después de levantarte, tómate unos momentos para

enfocarte en tu respiración. Esta es una gran forma de relajar tu mente y recuperar ese equilibrio perfecto en tu cuerpo. Respira por la nariz y exhala por la boca. En lugar de la respiración agitada a la que estás acostumbrada, intenta con la respiración abdominal. Como resultado, sentirás que tus pulmones se llenan de aire a su máxima capacidad. Suelta el aire hacia tu entorno poco a poco. Ahora, cubre una de tus fosas nasales y respira por la otra. Por si no lo sabes, siempre usamos una sola fosa nasal para inhalar y exhalar. Después de unas horas, usamos la otra. Por lo tanto, controlar tu respiración de esta manera te permitirá relajarte aún más. Relaja tu mente, establece tu intención, confía en el universo y deja que las cosas fluyan hacia tu vida.

2. Después, es el momento de agradecer. Dedica solo cinco minutos a una meditación de gratitud. Escribe un diario de gratitud, en el que expreses tu gratitud por todas las bendiciones que ya tienes en tu vida. Escribe afirmaciones como si ya fueran reales para destacar esta sensación de logro personal. Cierra los ojos y piensa en todas las cosas por la que estás agradecida en la vida. Estás sana, tienes un hogar y estás rodeada por una familia y amigos que te aman. Puede ser cualquier cosa, siempre y cuando seas agradecida. Además de lo que ya has logrado en la vida, también tienes que incluir las cosas que quieres atraer. Son cosas que quieres que lleguen a ti, así que asegúrate de dar las gracias por ya tenerlas. Esto generará la frecuencia perfecta para que puedas atraerlas hacia ti de inmediato. No te olvides de sonreír, porque es en esencia la manifestación de tu felicidad.

3. Dedica algo de tiempo a escribir en un diario todos los días y practicar escritura. Aquí es donde debes incluir tus afirmaciones personales, las cuales aumentarán tu confianza y te mantendrán motivada. Lee las afirmaciones que ya has escrito y deja el diario en un lugar donde tengas fácil acceso a él.

Tómate unos momentos para repetir estas afirmaciones en voz alta. Cuando lo hagas, sentirás que tu espíritu se eleva de inmediato. Eso es lo que necesitas en tu vida. Obviamente, puedes practicar escritura a lo largo del día o incluso justo antes de irte a dormir. Sin embargo, si lo haces temprano en la mañana, esta actividad te dará el impulso de energía que necesitas para tu día.

4. Después de haberte enfocado en tus tareas mentales, es momento de eliminar la energía estancada. Tienes que ponerte en movimiento. Te sugiero que hagas una sesión de yoga o pilates, pero eres tú quien decide. Si tienes ganas, puedes bailar al ritmo de tu música favorita. En su defecto, puedes elongar y hacer un poco de cardio. Subirte a la caminadora es una buena forma de sentir la energía fluyendo por tu cuerpo mientras aumentas tu frecuencia vibratoria. No hace falta decir que las actividades al exterior son aún mejores. Si hay buen clima, sal a caminar o a correr.

5. Ahora, ve al baño. Es el momento de relajarte y eliminar todos los pensamientos negativos que atraviesan tu mente. Tómate una ducha y siente las propiedades sanadoras del agua. Disfruta la atmósfera relajante mientras aflojas los músculos y despiertas tus sentidos por completo. Luego, ponte maquillaje. Haz lo que sea que te haga sentir hermosa, tal y como eres. Irradias un brillo que surge desde tu interior, porque te presentas como la mejor versión de ti misma. Por último, ¡no te olvides de sonreír! Escoge las prendas que vas a usar y prepárate.

6. Por último, pero no por eso menos importante, prepara un desayuno saludable. Comienza tu día con alimentos enteros, sin ningún tipo de proceso. Puedes tomar un batido o comer ensalada de frutas. Asegúrate de incluir superalimentos que te permitirán obtener el omega 3, los antioxidantes y las vitaminas que necesitas en el día. Las semillas de chía, el lino,

el aguacate o los frutos rojos son excelentes alimentos para comenzar el día, junto con un poco de té de hierbas o café. Este es el momento para relajarte, revisar tus correos o echarle un vistazo a las redes sociales. Escucha algo de música y haz planes para el resto del día.

Ahora estás perfectamente alineada con la energía del universo y esperas con ansias atraer todas las cosas que quieres recibir en tu vida. ¡Buenos días, corazón!

Haz un pequeño cambio en tu rutina de manifestación para ahorrar tiempo

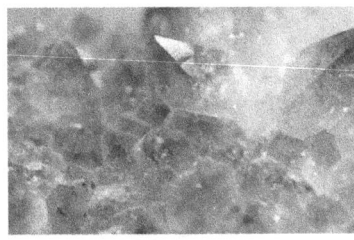

Lo que deseas es intensificar tu energía positiva y empoderar tu manifestación. En vez de pasar cientos de horas intentando hacer que las cosas funcionen, tienes que enfocarte en lo que mejora tus intentos. Existen varias cosas que puedes hacer para aprovechar el tiempo que te lleva poner en marcha tu rutina de manifestación. Puedes usar velas perfumadas mientras meditas o puedes disfrutar del poder de las hierbas. Sin embargo, si tuviera que escoger una sola cosa para optimizar tu rutina de manifestación, sería el uso de los cristales.

Cuando usas los cristales en tu manifestación, ellos estimulan tu energía de una manera incomparable. Aunque todo en el universo tiene su propia vibración, algunos elementos como los cristales contienen una vibración mucho más poderosa. Por lo tanto, tienen el potencial de amplificar tus intenciones y proyectarlas al mundo. Esto es lo que tienes que lograr. Obtén los mejores resultados dedicando el menor tiempo posible a recibirlos. A continuación, he seleccionado tres de mis cristales favoritos. Todos ellos son ideales para usar en tus manifestaciones, en tanto respetes sus características particulares.

La amatista es un cristal extraordinario que te permite lograr una conexión profunda con la fuente de tu energía. Esto es lo que debes lograr al intentar manifestar tus deseos. La amatista es una opción maravillosa porque estimula tu confianza interior y también relaja tus sentidos. La amatista es responsable de promover tu iluminación espiritual, porque se alinea con el chakra del tercer ojo. Al usar la ametista en tus manifestaciones, purificas el negativismo que te rodea y proteges la conservación de tu energía.

El cuarzo rosa es otro cristal que te ayudará al momento de manifestar el amor; le dicen "la piedra del amor" por alguna razón. Este cristal se alinea con el chakra del corazón. Si has pasado por una experiencia traumática, el cuarzo rosa empoderará tu sanación. Si estás en una relación, tiene sentido usar el cuarzo rosa. Este cristal especial te permitirá atraer compasión, amor y afecto y derribará los muros que algunas personas construyen en sus corazones. Son las características de la relación perfecta, ¿verdad? Si todavía no estás en una relación, prueba con dejar el cuarzo rosa debajo de tu cama y mira lo que sucede.

Por último, tal vez el mejor cristal que puedes usar para optimizar tu manifestación es el citrino. No solo mejora el optimismo, sino que también es genial para la claridad mental y la abundancia. Es un cristal que elimina las toxinas: en un mundo en el que estamos rodeados de personas y pensamientos tóxicos, tiene una importancia primordial. Elimina toda la negatividad y prepara tu mente para el éxito. Entonces, para que puedas acceder a tu poder personal y construir aún más tu confianza, tienes que usar el citrino.

Este cristal está conectado al plexo solar, el cual fortalece tu intuición.

Obviamente, puedes experimentar con muchos cristales diferentes. Tienes maravillosos elementos preciosos para elegir, entre ellos la obsidiana negra, la pirita, la aventurina verde y el jade verde. Además, puedes escoger el zafiro amarillo, el topacio, el zircón, el rubí y la hematita, por nombrar solo algunos. Siempre y cuando leas las propiedades de cada cristal, podrás usarlos a tu favor. Si no puedes decidirte, puedes combinarlos. De hecho, hay cristales que funcionan sumamente bien cuando se los combina con otros.

Aparte de comprar los cristales, tienes que aprender a usarlos. Primero que nada, debes purificar el cristal minuciosamente. No sabes en dónde ha estado el cristal y quién lo ha usado. Tienes que quitarle toda la energía negativa que está estancada. Puedes hacerlo en la naturaleza; puedes limpiarlo en las aguas cristalinas de un pequeño arroyo. Esto también absorberá la energía y la vitalidad de la naturaleza. Puedes limpiarlo en tu casa con agua corriente, por supuesto. Además, puedes usar sales del Himalaya.

El próximo paso es cargar el cristal que acabas de comprar. Colócalo bajo la luz de la luna; sería ideal en luna llena. Ten cuidado de no dejar el cristal bajo el sol, porque su color puede difuminarse. Esto aplica a todos los cristales, no solo al citrino. Por último, tienes que consagrarte al cristal; en otras palabras, tienes que establecer tus intenciones. Para hacerlo de la manera adecuada, tienes que ser bien consciente de las propiedades del cristal. Ahora estás preparada para conectar con el cristal a un nivel más profundo. Sostenlo en tus manos y acércalo al plexo solar. Cierra los ojos, mantén las vibraciones elevadas y una mente clara y pura. En este momento, tienes que concentrarte en lo que quieres manifestar. Házselo saber a tu cristal.

Ritual nocturno

¿Has tenido en cuenta alguna vez al sueño como una sesión de meditación superlarga? Dormir permite que nuestro cuerpo se reajuste y se prepare para un nuevo día lleno de posibilidades. En ocasiones, las personas están tan exhaustas que se meten a la cama y se quedan dormidas de inmediato. Pasa un minuto, tal vez menos, y ya: dormidas como un bebé. Sin embargo, otras tienen problemas para dormir debido al estrés y a los pensamientos que invaden su mente. Tenemos que aceptarlo: nuestro tiempo de sueño es demasiado largo como para soportar la energía negativa.

Es por esta razón que debes tomarte el tiempo de realizar un ritual nocturno simple pero relajante. Te sentirás más liviana y te enfocarás en lo que realmente importa. No tiene sentido perder el sueño y preocuparse por cosas que no puedes controlar. Al contrario, puedes usar el sueño como un medio para manifestar. ¿Qué te parece? Cuando duermes, te pones en contacto directo con tu mente subconsciente. Entonces, si puedes canalizar tus deseos de una forma que les permita llegar a tu subconsciente, tendrás éxito en tu manifestación. Definitivamente vale la pena intentarlo. ¡Te prometo que cambiará la forma en la que te sientes y manifiestas!

Primero que nada, prepara una reconfortante bebida caliente. Por ejemplo, una taza de té de manzanilla te permitirá relajarte. Si quieres, puedes beber leche caliente. Elonga un poco y relaja tus músculos. Tu cuerpo debe sentirse libre y liviano. Cuando elongas, liberas las tensiones del cuerpo. Esto te permitirá prevenir calambres o cualquier otra sensación incómoda que pueda perturbar tu sueño. Luego, puedes escuchar un podcast motivacional o un video lleno de cosas positivas que puedas usar como inspiración. Una meditación guiada te preparará y te relajará profundamente.

Despeja todos los pensamientos que tengas y todos los traspiés que hayas tenido a lo largo del día. Estoy segura de que tienes demasiadas cosas en la cabeza, pero intenta compartimentar. Justo antes de irte a dormir, no tienes que preocuparte por cosas que no puedes controlar: eso no te llevará a ninguna parte. Solo interrumpe tu tranquilidad y lo más probable es que conduzca a una noche sin dormir. Lo que tienes que hacer es amplificar las emociones positivas y cubrirte de ellas. Ellas te guiarán hacia la escritura. Convéncete de no saltar al abismo emocional que tienes frente a ti para buscar consuelo. Practica la gratitud, porque nos transforma por naturaleza a una frecuencia vibratoria positiva. Todo eso crea una oleada positiva de fuerza en tu vida.

Por supuesto, tienes que mantenerte alejada de la tecnología antes de irte a la cama. A pesar de que revisar tu teléfono es tentador, esto llenará tu mente de información para manifestar. Guarda tus dispositivos en un lugar fuera de tu alcance al menos una hora antes de dormir. Si necesitas una motivación extra para hacerlo, piensa que la luz azul que emiten esos dispositivos pasan factura en tu cuerpo. Esta reduce la producción de melatonina, responsable de regular el sueño mediante el control de tu ritmo circadiano. ¿Por qué jugarías con eso a propósito?

Otra cosa que tienes que considerar antes de dormir es la meditación. No tiene que ser sofisticada ni tiene que ocupar mucho de tu tiempo valioso. Solo practica tu respiración, para relajarte y entrar en un estado inconsciente. Sé testigo de tus sentidos sin hablar. Siente la respiración, absorbe los aromas y escucha el sonido del silencio. Este es el secreto que te permitirá meditar de manera adecuada. Después de haber completado tu meditación, puedes continuar con tu visualización enfocada. Como mencioné antes en el libro, la meditación te permite mantener la calma. Por otro lado, la visualización te ayuda a enfocarte en el deseo que quieres manifestar.

Por último, suelta. Deja de pensar. Como ya sabes, la Ley de la Atracción no funciona con las expectativas. En vez de apegarte a algo, debes desapegarte. Entonces, después de dejar a un lado tu teléfono, después de haber escuchado un video inspirador mientras bebes sorbos de té de jazmín o después de haber meditado y visualizado tus deseos, es el momento de soltar. Repite la siguiente frase y no pienses en nada más: *"Universo, estoy agradecida por todo lo que tengo en mi vida. Lo que tiene que ser, será"*.

CONCLUSIÓN

Estoy tan contenta de ver que has terminado de leer mi libro sobre la manifestación para mujeres. Estoy muy orgullosa de ti por alcanzar tu yo espiritual y dar lo mejor de ti para mejorar tu vida en tantos sentidos diferentes. Te mereces ser feliz; por lo tanto, tienes que poner la teoría en práctica y embarcarte en un maravilloso viaje a los sentidos. Con suerte, esta ha sido una experiencia reveladora para ti, que te ha ayudado a aclarar todas las cosas que tal vez no entendías hasta este momento.

La Ley de la Atracción es un regalo precioso que se te ha concedido generosamente para cambiar tu vida. Tienes que mantenerte enfocada y analizar todos los aspectos de cómo hacer que funcione para ti, basándote en tus propios requisitos especiales. Ahora que ya hemos cubierto los principios de la manifestación en este libro, estás preparada para transformar tu existencia y disfrutar todas las bendiciones que siempre has querido recibir. Esta es una oportunidad espectacular para ti y tienes que meterte de lleno para disfrutar todos esos beneficios gloriosos que te esperan.

Ya has dado el primer paso. ¡Te felicito por tomar la inicia-

CONCLUSIÓN

tiva y terminar de leer este libro! Fue una idea fantástica, y tienes tantas cosas para anhelar ahora que ya has leído estas páginas. Estaré aquí a tu lado en todo lo que hagas; te daré mis consejos y apoyaré al cien por ciento tus emprendimientos. Es un momento de gran emoción que se devela frente a ti y estoy segura de que ya tienes una enorme sonrisa en tu cara.

Recuerda amarte a ti misma y confía en que puedes lograr todo lo que te propongas, en tanto te alinees con la energía del universo. Ajusta la frecuencia que emites para atraer las mismas cosas que quieres y dejar todos esos pensamientos y personas tóxicas fuera de tu alcance. Ellos no tienen lugar en tu realidad; lo único que hacen es tirarte abajo y desviarte de tu camino. Eso no es lo que necesitas; no tienes tiempo para postergar tus manifestaciones.

De hoy en adelante, te sugiero que te tomes un poco de tiempo para asimilar toda esta información. Después de eso, diagrama tu estrategia. Planifica tus próximos pasos para mantenerte organizada en tu rutina de manifestación. Haz uso de las meditaciones que he compartido contigo y experimenta con diferentes técnicas. Esta es la mejor forma de ver lo que mejor funciona para ti. Cualquiera sea lo que hagas, ten siempre en mente que el cielo es el límite. El universo siempre está escuchando; por lo tanto, tienes que conectarte con el mundo y dejar que la abundancia desborde tu presencia.

Te doy la bienvenida al magnífico mundo de la Ley de la Atracción. Estoy convencida de que ya estás muy emocionada, esperando con ansias lo que está por suceder. Créeme, la realidad solo te hará más feliz. Recibe bendiciones, mantente positiva ¡y disfruta la vida!

REFERENCIAS

Anthony, K. (2017, December). *EFT Tapping*. Healthline; Healthline Media. https://www.healthline.com/health/eft-tapping

Cartwright, M. (2018, May 16). *Yin and Yang*. Ancient History Encyclopedia; Ancient History Encyclopedia. https://www.ancient.eu/Yin_and_Yang/

congerdesign. (2018). Heart Red Rope. In *Pixabay*. https://pixabay.com/photos/heart-red-rope-loyalty-love-3085515/

Deepak Chopra. (1994). *The seven spiritual laws of success : a practical guide to the fulfillment of your dreams*. Amber-Allen Pub.

Dieter44. (2018). Gem Citrine Stone Jewel Crystal. In *Pixabay*. https://pixabay.com/photos/gem-citrine-stone-jewel-crystal-3569938/

Emma Claire Donovan. (2019, January 16). *The Benefits of TRE for Stress, Anxiety, and Trauma*. Emma Donovan. https://emmaclairedonovan.com/2019/01/16/the-benefits-of-tre-for-stress-anxiety-and-trauma/

Free-Photos. (2014). Tea Cup Rest Afternoon. In *Pixabay*.

REFERENCIAS

https://pixabay.com/photos/tea-cup-rest-calm-afternoon-381235/

Free_Photos. (2015). Girl Blonde Sitting. In *Pixabay*. https://pixabay.com/photos/girl-blonde-sitting-lakeside-water-984065/

Gollwitzer, P. M., & Sheeran, P. (2006, January 1). *Implementation Intentions and Goal Achievement: A Meta-analysis of Effects and Processes*. ScienceDirect; Academic Press. https://www.sciencedirect.com/science/article/pii/S0065260106380021

Good Interactive. (2014). Woman Person Sunset. In *Pixabay*. https://pixabay.com/photos/woman-person-sunset-dreams-alone-491623/

JacksonDavid. (2020). Woman Inspiration Dance. In *Pixabay*. https://pixabay.com/photos/woman-inspiration-dance-model-4775733/

Jaffe, E. (2011). Mirror Neurons: How We Reflect on Behavior. *APS Observer*, *20*(5). https://www.psychologicalscience.org/observer/mirror-neurons-how-we-reflect-on-behavior

Jung, J. Y., Oh, Y. H., Oh, K. S., Suh, D. W., Shin, Y. C., & Kim, H. J. (2007). Positive-Thinking and Life Satisfaction amongst Koreans. *Yonsei Medical Journal*, *48*(3), 371. https://doi.org/10.3349/ymj.2007.48.3.371

Justasurferdude. (2017). Rose Flower Wiltered. In *Pixabay*. https://pixabay.com/photos/rose-flower-wilted-floral-plant-2335203/

kalyanayahaluwo. (2020). Meditate Meditation Woman Mountains. In *Pixabay*. https://pixabay.com/photos/meditate-meditation-woman-mountains-5375835/

ktphotography. (2017). Candles Bright Light. In *Pixabay*. https://pixabay.com/photos/candles-bright-light-flame-2550688/

Marlene, C. (2018, July 29). *Ithaka: Journey not Destination*. Cheryl Marlene. https://www.cherylmarlene.com/ithaka-journey-not-destination/

Myriams-Fotos. (2017). Woman Beauty Rock. In *Pixabay*. https://pixabay.com/photos/woman-beauty-rock-sea-clouds-2724966/

petig. (2020). Sunset Woman Freedom. In *Pixabay*. https://pixabay.com/photos/sunset-woman-freedom-silhouette-5238044/

Pexels. (2016). Meditate Meditation Peaceful. In *Pixabay*. https://pixabay.com/photos/meditate-meditation-peaceful-1851165/

PIRO4D. (2016). Feng Shui Zen Stones. In *Pixabay*. https://pixabay.com/photos/feng-shui-zen-stones-texture-1927590/

Pitkanen, M. (2018, June). *(PDF) The experiments of Masaru Emoto with emotional imprinting of water*. ResearchGate. https://www.researchgate.net/publication/335909571_The_experiments_of_Masaru_Emoto_with_emotional_imprinting_of_water

qimono. (2018). Drop Splash Drip. In *Pixabay*. https://pixabay.com/photos/drop-splash-drip-water-liquid-wet-3698073/

Smith, J. (2018, February 14). *The Emotional Vibration Analysis Frequency Chart*. Blisspot. https://blisspot.com/blogs/5719/654/the-emotional-vibration-analysis-frequency-chart

stokpic. (2015). Woman Working Bed. In *Pixabay*. https://pixabay.com/photos/woman-working-bed-laptop-typing-731894/

Valiphotos. (2015). Road Forest Season. In *Pixabay*. https://pixabay.com/photos/road-forest-season-autumn-fall-1072823/

Wikipedia Contributors. (2019, September 27). *All You Need Is Love*. Wikipedia; Wikimedia Foundation. https://en.wikipedia.org/wiki/All_You_Need_Is_Love

POR FAVOR, DEJA UNA RESEÑA EN AMAZON

Desde lo más profundo de mi corazón, quiero agradecerte por haber leído este libro. Realmente espero que te ayude en tu viaje espiritual y a vivir una vida más feliz y empoderada. Si te ha sido de ayuda, me gustaría pedirte un favor. ¿Serías tan amable de dejar una reseña de este libro en Amazon? Lo apreciaría muchísimo y sé que tendrá un impacto en las vidas de otras personas que buscan alcanzar la espiritualidad en todo el mundo y les dará esperanzas y energía.

¡Muchas gracias y buena suerte!

Angela Grace

¿QUIERES RECIBIR TU PRÓXIMO LIBRO O AUDIOLIBRO GRATIS?

Puedes solicitar copias de cualquiera de mis libros o audiolibros (en inglés) totalmente **GRATIS**. ¡Envía un correo electrónico a contact@stonebankpublishing.com y déjame saber que te gustaría formar parte de mi equipo de reseñas!

(Al enviar un correo electrónico, estás de acuerdo con suscribirte a mi boletín de ayuda espiritual y recibir ofertas y promociones exclusivas).

¡Me encantaría saber de ti!

Mucho amor y luz, poderosa guerrera.

Reclama la vida QUE TE MERECES.

Angela

www.ingramcontent.com/pod-product-compliance
Lightning Source LLC
Chambersburg PA
CBHW071419070526
44578CB00003B/622